"Verbotene Früchte"

Cannabiskonsum - Ein soziales Problem?

von

Stephan Hill

Tectum Verlag
Marburg 2002

Die Deutsche Bibliothek - CIP-Einheitsaufnahme

Hill, Stephan:
"Verbotene Früchte".
Cannabiskonsum - Ein soziales Problem?.
/ von Stephan Hill
- Marburg : Tectum Verlag, 2002
ISBN 3-8288-8429-6

Tectum Verlag
Marburg 2002

Vorwort

Die vorliegende Arbeit stellt eine überarbeitete und aktualisierte Fassung meiner Diplomarbeit dar, welche im März 2002 im Fachbereich Erziehungswissenschaft und Soziologie an der Universität Dortmund eingereicht wurde.

Gegenwärtig scheint in der bundesdeutschen Drogenpolitik eine relative Unklarheit zu herrschen, in welche Richtung sich der gesellschaftliche und rechtliche Umgang mit dem Cannabiskonsum weiterentwickeln soll. Einerseits verboten, andererseits massenhaft konsumiert, werden durch den Gebrauch von Cannabis die geltenden Normen infrage gestellt.

Die Arbeit befasst sich mit der Thematik des Cannabiskonsums und verfolgt, mittels einer Analyse der einschlägigen Fachliteratur, das Ziel, einen Überblick über die gesellschaftliche Wahrnehmung, Bewertung und Regulierung des Umganges mit der illegalisierten Substanz zu geben. Zudem ordnet sie den Gebrauch von Cannabis in eine devianztheoretische Diskussion ein und geht der Frage nach, ob dieser ein soziales Problem darstellt.

Neben den geschichtlichen, drogenpolitischen, juristischen und sozialwissenschaftlichen Aspekten findet auch die Liberalisierungsdiskussion ihre angemessene Berücksichtigung. Die Arbeit soll ein Beitrag zur Versachlichung der drogenpolitischen Diskussion darstellen, welche nach wie vor geprägt ist von Drogenmythen, Emotionen und ideologisch-moralischen Verhärtungen.

Danken möchte ich an dieser Stelle Herrn Prof. Dr. Friedrich W. Stallberg für die freundliche und fachkompetente Beratung in Bezug auf meine Diplomarbeit.

Stephan Hill

Inhalt:

4. Kapitel: Rechtliche Aspekte

5. Kapitel: Cannabiskonsum – ein soziales Problem?

6. Kapitel: Prohibition versus Liberalisierung:
Regulierung von Cannabis in der Diskussion

1. Kapitel: Einleitung:

„ ... Gott setzte sie in einen Garten in dem alles von alleine wuchs, ein Paradies, einen wahren Garten Eden. Alles sollte den Urmenschen gehören, nur von dem einen Baum sagte Gott: DER nicht, ob er in der Mitte des Gartens gestanden hat, steht nicht fest; doch wurde er schon bald wegen seiner Einmaligkeit als Tabu der Interessanteste, um den sich gewissermaßen das Paradies gruppierte und so fragten sich die Urahnen, was an ihm denn so besonders sei. Gott sagte, es sei der Baum der Erkenntnis, und das Böse flüsterte: Er sagt die Wahrheit und sobald ihr nascht, werdet ihr sein wie Gott. Also griffen sie zu, und Gott wurde sehr zornig und vertrieb sie aus dem Paradies in diese Welt... "[1]

Wenn heute von Cannabiskonsum die Rede ist, dann erscheint er in einem zwiespältigen Licht. Einerseits handelt es sich, aufgrund des verbotenen Umgangs mit Cannabis, um ein rechtlich ungeduldetes und somit kriminalisiertes Verhalten. Andererseits scheint er im Gegensatz dazu heute doch recht weit verbreitet zu sein und sogar eine gewisse Akzeptanz zu besitzen. Die vorliegende Arbeit bezieht sich auf den Konsum von Cannabis und auf die hiermit verbundene gesellschaftliche Aufmerksamkeit. Sie gibt anhand der Fachliteratur eine Übersicht über die sozialwissenschaftliche Diskussion zum Thema Cannabis und Cannabiskonsum und beschreibt dessen gesellschaftliche Wahrnehmung, Bewertung und Regulierung. Es sollen vor allem die sozialen und rechtlichen Bedingungen und Verhältnisse in der Bundesrepublik Deutschland betrachtet werden, wobei es aber unerlässlich ist, auch auf internationale Einflüsse und drogenpolitische Verhaltensweisen einzugehen. Ferner werden auch umgekehrt viele der dargestellten Aspekte außerhalb der Bundesrepublik Deutschland Geltung haben.

---

[1] Behr (2000): <u>Von Hanf ist die Rede : Kultur und Politik einer Pflanze</u>. S. 481.

Das Thema bedingt eine ausgiebige Auseinandersetzung mit den geschichtlichen Entwicklungen, sowie den rechtlichen Grundlagen und Hintergründen zum Umgang mit Cannabis und dessen Konsum, damit ein zusammenhängender Einblick in die Materie gewonnen werden kann und erkennbar wird, wie es zur heutigen Situation gekommen bzw. wie diese zu bewerten ist. Das Thema ist untrennbar mit der Diskussion zur Liberalisierung des Umgangs mit Cannabis verbunden, daher soll ihr hier auch eine große Bedeutung beigemessen werden. Die Diskussion berührt regelmäßig den medizinischen Bereich, der aber möglichst kurz gehalten wird, um nicht die sozialwissenschaftlich relevanteren Diskussionsstränge zu vernachlässigen. In diesem Sinne wird die, an anderer Stelle durchaus sinnvolle und wichtige Erörterung über Cannabis als Medizin, welche ebenfalls durch die drogenpolitische Situation in Deutschland eine Beschneidung erfährt, ebenso aus der Arbeit ausgeklammert, wie die landwirtschaftlich-ökologischen Möglichkeiten durch eine uneingeschränkte Cannabisnutzung.

Im Kern der Arbeit steht die Frage nach dem „sozialen Problem". Sebastian Scheerer folgend, macht es durchaus Sinn, darauf zu achten, wie soziale Probleme konstruiert werden[2], daher wird untersucht, was ein soziales Problem darstellt, was es ausmacht und was einen Sachverhalt zu einem sozialen Problem erhebt. Hierauf bezogen sollen die verschiedenen Ebenen des Phänomens Cannabiskonsum aufgezeigt werden, um so zu analysieren, wie sich die Wahrnehmung und Bewertung des Cannabiskonsums entwickelt hat. Es wird zu klären sein, ob und inwiefern er als soziales Problem angesehen werden kann, oder ob er möglicherweise eine längst kulturell integrierte Handlung darstellt, die keinen Problemstatus mehr erhält.

---

[2] Scheerer (1993): »Einige Anmerkungen zur Geschichte des Drogenproblems«, in Soziale Probleme. Jg. 4, 1993, Heft 1, S. 80.

Im Hinblick auf die Illegalität der Droge, bedingt die Diskussion die Frage nach der Haltbarkeit des Cannabisverbotes. Dieser Frage wird anhand der Fachliteratur nachgegangen, wobei sowohl die rechtlichen Rahmenbedingungen, als auch die Argumente der jeweiligen Parteien dargestellt und aufeinander bezogen werden, und im Hinblick auf die angedeutete Liberalisierung ausgewertet werden sollen.

Aus Gründen der Lesbarkeit ist im Text nur die Rede von Umgang mit und Konsum von Cannabis. Dies bezieht sich nicht ausschließlich auf die Pflanze, sondern umfasst alle, auf dem Drogenmarkt befindlichen, Cannabisprodukte. Die Arbeit bedient sich weitestgehend der Regeln der neuen deutschen Rechtschreibung.

In Kapitel 2 werden zunächst grundlegende Aspekte zum Thema Cannabis und Cannabiskonsum dargestellt. Diesbezüglich wird ein kurzer Überblick darüber gegeben, was Cannabis und Cannabisprodukte sind und was unter Cannabiskonsum verstanden wird. Im Anschluss daran, soll die Datenlage zur sozialwissenschaftlichen Cannabisforschung, über die Darstellung des Ausmaßes, des Konsumverhaltens und möglicher resultierender Folgen, einen Einblick in den Bereich des Konsums von Cannabis geben.

Kapitel 3 beschreibt die politische Geschichte des Cannabiskonsums und seiner gesellschaftlichen Wahrnehmung und Bewertung. Es wird nachvollzogen, wie Cannabis, eine Pflanze und Droge, die zwar schon lange genutzt wurde, aber zunächst, außer als natürlicher Rohstoff, kaum gesellschaftliche Beachtung fand, durch moralische Unternehmer und politische Kreuzzüge schließlich international geächtet wurde. In diesem Kapitel wird insbesondere auf die US-amerikanische Cannabisproblematisierung und die Transplantation der drogenpolitischen Kontrolle nach Deutschland eingegangen.

In Kapitel 4 werden zunächst die internationalen Einflüsse auf die deutsche Drogenpolitik und Rechtsprechung dargestellt. Hierzu ist eine Auseinandersetzung mit den Suchtstoff-Konventionen der Vereinten Nationen notwendig. Ferner soll an dieser Stelle auf die drogenrechtliche Situation und die neueren Entwicklungen der Drogenpolitik in der Bundesrepublik Deutschland eingegangen werden.

Das 5. Kapitel befasst sich mit dem Begriff des „sozialen Problems". Es wird zunächst untersucht, was ein soziales Problem ausmacht und wie ein Sachverhalt zu einem sozialen Problem erhoben wird. Diese Betrachtungsweisen werden dann auf den Cannabiskonsum übertragen. Hierbei soll untersucht werden, inwieweit er eine solche Problematisierung erfahren hat bzw. erfährt, oder ob sich möglicherweise eine weniger problematisierende Neubewertung entwickeln konnte.

Im 6. Kapitel werden die Argumente für und gegen eine Liberalisierung respektive eine fortbestehende Prohibition des Umgangs mit Cannabis gegenübergestellt. Darauf folgend werden verschieden tief greifende Liberalisierungsperspektiven und -modelle vorgestellt und diskutiert, wobei diese wiederum auf die Realisierbarkeit innerhalb der internationalen Konventionen untersucht werden.

Die Arbeit wird im 7. Kapitel mit einer Zusammenfassung und einem Fazit beendet.

2. Kapitel: Grundlagen über Cannabis und dessen Konsum:

2.1 Was ist Cannabis / Cannabiskonsum?

Bei Cannabis handelt es sich um den botanischen Namen der Hanfpflanze. Er kommt in drei Ausprägungen vor: Sativa, Indica und Ruderalis. Der Hanf ist mit dem Hopfen verwandt, gehört zu den ältesten Kulturpflanzen und verbreitete sich bereits vor mehreren hundert Jahren über den gesamten Globus. Seine ursprüngliche Herkunft wird im asiatischen Raum vermutet. Die faserreiche Pflanze lieferte unter anderem Rohstoffe für Gewebe, Seile, Papier, Lampenöl, Dichtungs- und Nahrungsmittel, wurde aber im Laufe der Zeit durch andere Materialien größtenteils abgelöst.

Da sie, durch die von ihr produzierten psychoaktiven Cannabinoide, als mutmaßlich gefährliches Suchtmittel missbraucht werden könnte, wurde ihre Nutzung dem Betäubungsmittelgesetz unterstellt. Der Anbau ist in Deutschland genehmigungspflichtig und nur für wirkstoffarme Sorten zu landwirtschaftlichen Zwecken erlaubt. Zur Drogenproduktion wird vor allem der Indische Hanf (Cannabis Indica) verwendet, da dieser von allen Hanfsorten am meisten Harz mit dem Hauptwirkstoff THC (Delta-9-Tetrahydrocannabinol)[1] produziert. Genutzt werden hierfür vor allem die reifen weiblichen Blütenstände (Marihuana) oder das Harz, welches aus reifen weiblichen Blüten gewonnen und zu Haschisch gepresst wird. Seltener wird auch Haschischöl verwendet, welches aus Haschisch oder Marihuana extrahiert wird und die höchste THC-Konzentration aufweist.

---

[1] Das in der größten Menge vorliegende und zugleich noch stark psychoaktiv wirkende Cannabinoid ist das Δ^9-THC. Neben dem Δ^9-THC enthält die Cannabispflanze über 460 weitere Wirkstoffe, von denen mehr als 60 eine Cannabinoid-Struktur aufweisen. Diese sind jedoch weniger psychoaktiv oder aber bei vergleichbarer Potenz entweder seltener oder in viel kleineren Mengen vorhanden.
Hierzu: Grinspoon; Bakalar (2000): Marihuana : Die verbotene Medizin. S. 2.

Die häufigste Konsumform bildet das Inhalieren. So wird Haschisch oder Marihuana zusammen mit Tabak oder pur, in Zigaretten (sog. Joints), Pfeifen oder Wasserpfeifen geraucht. Seltener werden Cannabisprodukte auch in Gebäck oder Tee auf oralem Weg eingenommen.

Für Cannabisprodukte existieren neben Haschisch und Marihuana viele Namen, welche mehr oder weniger gebräuchlich und bekannt sind. Bezeichnungen wie beispielsweise Shit, Gras, Dope, Piece, Hash (Hasch) und Pot scheinen am gebräuchlichsten zu sein.[2]

Die Arbeitsgruppe Hanf und Fuß stellt in ihrer Studie über Hanfkultur in Deutschland und in der Schweiz folgende Typologie für Cannabisbezeichnungen[3] bei den Konsumenten auf:

- Wirkungsbezogene Benennungen:

   z.B. Brain-Tuner, Flash, Liebeskraut, Rauschmittel, Schlummerklumpen

- Decknamen aus dem Pflanzenreich:

   z.B. Bilsenkraut, Blüten, Brasil-Tomate, Edelheu, Herba, Kraut

- Konkrete Sortenbezeichnungen:

   z.B. Afghan, Libanese, Marok, Roter, Zero-Zero

- Bezeichnungen für die ungeerntete Pflanze:

   z.B. langer Rasen, meine Balkonweibchen, Pflänzchen, Studa

- Konsumbezogene / konsumvorbereitende Bezeichnungen:

   z.B. einen rauchen, Joint, Kiffen, Pfeifchen, Rauchtanne, Tee Spezial

- Esoterische Annäherungen:

   z.B. Der große Haschisch-Gott, heiliger Dunst, heiliges Gemüse

---

[2] Arbeitsgruppe Hanf und Fuß (1995): Unser gutes Kraut : Das Porträt der Hanfkultur. S. 73.
[3] Arbeitsgruppe Hanf und Fuß (1995), S. 74 ff.

- Mengenabhängige Bezeichnungen:

  z.B. Än Sack voll, Buch (10 Piece), Minikrümelchen, Rauchpiece

- Nichtbenennungen:

  z.B. das Übliche, Dingens, Was, Zeug

- Decknamen aus dem menschlichen Bereich:

  z.B. Charly, Heinzi, Jo, Mary Jane, old Mary

- Decknamen aus dem kulinarischen Bereich:

  z.B. Chocolate, Leckerli, Maggi-Würfel, Sweeties, Würze

- Formen:

  z.B. Brösel, Ecke, Platte, Krümel, Stückchen

- Sonstige Bezeichnungen:

  z.B. Arbeitsunterlagen, guter Freund, Kamelkacke, Stoff, Wedding

- Klartext:

  z.B. Cannabis, Drugs, Ghanja, Hanf, Hasch, Marihuana

Da die Arbeitsgruppe eine sehr weite Spannbreite verschiedener *„Kosenamen"* für Cannabisprodukte ermittelte, wobei die Befragten im Schnitt vier Bezeichnungen angaben, wertete sie dies als ein Indiz dafür, *„dass in diesen Stoff eine Menge Gefühle investiert werden".*[4]

---

[4] Arbeitsgruppe Hanf und Fuß (1995), S. 73.

2.2 Zahlen und Daten zum Ausmaß und zum Konsumverhalten:

Im Folgenden soll auf die Forschungslage im Bereich der Cannabis-konsumenten und des Konsums von Cannabis eingegangen werden, um eine Verständnisgrundlage zu schaffen, die es ermöglichen soll, bei den theoretischen Ausführungen und Diskussionen den Blick auf die Praxis, bzw. den Cannabis-konsum selbst, zu wahren und Bezugspunkte zu bieten.

2.2.1 Schwierigkeiten empirischer und statistischer Erfassungen:

Bevor jedoch auf verschiedene Untersuchungsergebnisse eingegangen wird, sollte darauf hingewiesen werden, dass es schwierig, wenn nicht gar falsch ist, die Ergebnisse verallgemeinern zu wollen. Die sozialwissenschaftliche Erfassung von Daten, insbesondere über ein kriminalisiertes Verhalten, führt selten zu repräsentativen Ergebnissen, da sie sich, und das versteht sich von selbst, nur auf das ihr vorliegende Datenmaterial bzw. auf die Stichprobe beziehen kann. Nun können sicherlich einerseits Falschangaben (oder gar keine Angaben), die aus Angst vor strafrechtlichen oder anderen negativen Konsequenzen gemacht werden, und andererseits die Art und Weise, wie die Teilnehmergruppe rekrutiert wird und wie sie sich zusammensetzt, das Ergebnis in eine bestimmte Richtung beeinflussen. An quantitativen Studien kann weitergehend kritisiert werden, dass sie oftmals den zu untersuchenden Sachverhalt von seiner Lebenswirklichkeit isoliert darstellen und der Komplexität des Forschungsgegenstandes nicht mehr gerecht werden.[5] Was dennoch, vorausgesetzt das Forschungsdesign ist stimmig und konsistent, an den Studien abgelesen werden kann, sind die verschiedenen Tendenzen zu bestimmten Bereichen, sodass zumindest eine Orientierung erreicht wird.

---

[5] Vgl. Schneider (1995): Risiko Cannabis? Bedingungen und Auswirkungen eines kontrollierten, sozial-integrierten Gebrauchs von Haschisch und Marihuana. S. 69 ff.

2.2.2 Daten zum Ausmaß des Cannabiskonsums:

Die Cannabiskonsumenten stellen gegenwärtig weltweit die größte Kategorie der Gebraucher illegaler Drogen dar. Im Jahresbericht über den Stand der Drogenproblematik in der Europäischen Union von 2000 wurde davon ausgegangen, dass insgesamt mehr als 45 Millionen Menschen (in der EU) mindestens einmal im Leben Cannabis konsumiert haben; innerhalb der letzten 12 Monate taten dies noch etwa 15 Millionen.[6] Die Schätzung im Drogen- und Suchtbericht 1999 des Bundesministeriums für Gesundheit[7] zum Cannabis-konsum liegen in der BRD bei etwa 2,4 Millionen Personen, die in den letzten 12 Monaten vor der Befragung Cannabis konsumiert haben.

Nach dem Sucht- und Drogenbericht 2000 der Bundesregierung[8] haben im Jahr 2000 aus der Gruppe der 18- bis 24jährigen West- und Ostdeutschen 36% schon einmal Cannabis konsumiert, während dies in der Gruppe der 18- bis 59jährigen Westdeutschen immerhin noch 21% angaben.

Die Studie der Bundeszentrale für gesundheitliche Aufklärung[9] über die Drogenaffinität Jugendlicher (12-25-Jährige) in der BRD von 2001 weist bei Cannabiskonsum eine Lebenszeit-Prävalenz von 26% auf. In Bezug auf den Konsum aller illegalen Drogen liegt die Lebenszeit-Prävalenz bei 27%, die 12-Monatsprävalenz, die schon eher Aufschluss über den aktuellen Konsum gibt, bei 13%. Aktuellen Konsum illegaler Drogen gaben 5% an und regelmäßigen Konsum 3%. Die Tatsache, dass bei der Drogenaffinitätsstudie die Lebenszeit-Prävalenz aller illegalen Drogen nur ein Prozentpunkt über der von Cannabis liegt, zeigt, dass (fast) jeder Drogenkonsument auch

---

[6] EBDD: Europäische Beobachtungsstelle für Drogen und Drogensucht (2000): Jahresbericht über den Stand der Drogenproblematik in der Europäischen Union. S. 7.

[7] Bundesministerium für Gesundheit (2000): Drogen- und Suchtbericht 1999. Bonn.

[8] Bundesministerium für Gesundheit (2001): Sucht- und Drogenbericht 2000. Berlin.

[9] BzGA: Bundeszentrale für gesundheitliche Aufklärung (2001): Die Drogenaffinität Jugendlicher in der Bundesrepublik Deutschland 2001. S. 45 ff.

Cannabiskonsument ist oder war. Leider fehlen dieser Studie detaillierte Angaben zum aktuellen Cannabiskonsum. Das Einstiegsalter für den Cannabiskonsum wird hier bei 16,5 Jahren festgestellt.[10]

Aus der Differenz zwischen Lebenszeit-Prävalenz und aktuellem bzw. regelmäßigem Konsum wird ersichtlich, dass es sich beim Cannabiskonsum im Jugendalter in den meisten Fällen um ein Probierverhalten handelt, und der Konsum häufig nicht fortgesetzt wird. Mit Kleiber kann man Cannabiskonsum als *„primär jugendtypisches Verhalten ... klassifizieren, das zumeist transistorischer Art ist. Etwa 90-95% aller Cannabiskonsumenten stellen den Konsum nach einer Probierphase bzw. gelegentlichem Konsum wieder ein".*[11] Wird der Konsum jedoch über das Jugendalter hinaus fortgeführt, erscheint er allerdings als relativ konstantes Verhalten aufrecht erhalten zu bleiben. So weist die Studie der AG Hanf und Fuß 34% Cannabiskonsumenten zwischen 30 und 39 Jahren und 12% über 40 Jahren auf.[12] Auch die Teilnehmer der UMID-Studie[13], die zwischen 22 und 47 Jahre alt waren, wiesen beim Konsum weicher illegaler Drogen ein Durchschnittsalter von 35,3 Jahren auf. Kemmesies geht in diesem Zusammenhang davon aus, dass der Konsum von Cannabis als *„weitgehend enkulturierte Droge neben den legalen Drogen als eine 'Konstante' im Drogenverbrauchsverhalten beibehalten wird"*[14].

---

[10] Ebd.

[11] Kleiber (2000): »Cannabiskonsum in Deutschland: Entwicklungstendenzen und gesundheitliche Auswirkungen«, in Schneider (1995) et al. (Hrsg.): Cannabis – eine Pflanze mit vielen Facetten –. S. 14.

[12] Arbeitsgruppe Hanf und Fuß (1995), S. 28 f.

[13] Kemmesies (2000): Umgang mit illegalen Drogen im 'bürgerlichen' Milieu.

[14] Kemmesies (2000), S. 108.

2.2.3 Konsummotive:

Häufig begegnet man der Ansicht, Drogen im Allgemeinen, und somit auch Cannabis im Besonderen, würden benutzt, um vor der Realität und vor Problemen zu flüchten. Die Problemflucht lässt sich jedoch bei Cannabis kaum als Konsummotivation feststellen. Die Einstiegsmotivation ist vergleichbar mit den Motiven zur Aufnahme des Konsums legaler Drogen, wie Neugier, Zusammengehörigkeitsgefühl unter Freunden, Vorbildcharakter der Eltern, Bewertung und Verfügbarkeit von Cannabis im sozialen Umfeld usw.[15] Cannabiskonsumenten verfügen nach Reuband[16] sogar über ein größeres Aktivitätsnetzwerk, mehr Freunde und mehr Bekannte im Vergleich zu cannabisabstinenten Personen. Soziale Isolation scheint daher auch kein Aufnahmegrund für den Konsum zu sein.

Nach der Studie der AG Hanf und Fuß[17] überwiegen Konsummotive wie Steigerung der Kreativität, Genuss und Entspannung. Diese Motive sind eng an das Wirkungsmuster von Cannabis geknüpft. Hierzu stellt die Arbeitsgruppe eine Typologie für die gewünschten Wirkungen des Cannabiskonsums auf.

Der so genannte HEKI-Cocktail umfasst:

- Hedonismus
- Erotik
- Kreativität
- Intensität

---

[15] Vgl. Schneider (2000b): »Kontrollierter Gebrauch von Cannabisprodukten. Mythos oder Realität?«, in Schneider et al. (Hrsg.): Cannabis – eine Pflanze mit vielen Facetten –. S. 55.

[16] Reuband (1992): »Der Mythos vom einsamen Drogenkonsumenten. Kontakte zu Gleichaltrigen als Determinanten des Drogengebrauchs.« in Sucht. Jg. 38, 1992, Heft 3.

[17] Arbeitsgruppe Hanf und Fuß (1995), S. 124 ff.

„Hedonismus heißt Entspannen und Genießen, Erotik liebe- und lustvolles Zusammensein mit anderen, Kreativität umfasst schöpferisches Denken wie Handeln, und Intensität bedeutet Erlebnisverstärkung bei verschiedenen Gelegenheiten".[18]

Cannabiskonsumenten machen sich diese, nicht isoliert von einander auftretenden, Wirkungen zu Nutze, um ihr Bedürfnis nach einem gesteigerten Wohlbefinden, nach Kreativität und einem intensiveren Gefühlserleben zu befriedigen. Durch den erlernten Umgang[19] mit den Cannabiswirkungen nutzen die Konsumenten auch das Trägheitselement (als fünfte Wirkungsebene) aus, um sich auf die anderen Wirkungen besser einlassen zu können.[20] Dies bestätigt, dass dem Konsum von Cannabis kaum eskapistische Motive zugrunde liegen. Auch nach Schneider spielt der Cannabisgebrauch als Bewältigungsstrategie eine eher untergeordnete Rolle.[21] Er nennt als weiteres Konsummotiv Neugierde im Sinne von Experimentierfreudigkeit und Abenteuerlust. Diese sind, so Schneider, weniger auf die spezifische Wirkungsweise von Cannabis, als auf das attraktiv wirkende *„mit dem illegalen Drogengebrauch assoziierte subkulturelle Ambiente"* bezogen.[22] Hier findet auch das jugendliche Bedürfnis nach Nonkonformismus seine Entsprechung, womit auch das *„Hippimotiv"*[23] durchaus noch existiert.

---

[18] Arbeitsgruppe Hanf und Fuß (1995), S. 125.
[19] Auch Becker (1973, S. 36 ff.) geht davon aus, dass man erst durch einen Lernprozess über drei Schritte (Erlernen der Technik, der Wahrnehmung der Wirkungen und des Genießens der Wirkungen) zu einem *„Marihuana-Benutzer"* wird.
[20] Zu diesen Ausführungen Hanf und Fuß (1995), S. 124 ff.
[21] Schneider (2000a): Drogenmythen: Zur sozialen Konstruktion von „Drogenbildern" in Drogenhilfe, Drogenforschung und Drogenpolitik. S. 44.
[22] Ebd.
[23] Ebd.

2.2.4 Konsumenten-Typologie nach Konsumfrequenz und Konsumverhalten:

Kleiber und Soellner[24] stellen eine Typologisierung der Gebraucher entsprechend der Konsumfrequenz und Konsumverhalten auf: Sie teilen zunächst die aktuellen Gebraucher von Cannabis aufgrund der Konsumfrequenz in Gelegenheits- und Gewohnheitskonsumenten ein. Bei den Gewohnheits-konsumenten sehen sie noch eine sinnvolle Unterteilung nach Konsumverhalten, wobei sie einteilen in Individualkonsum (Konsum an ca. 18 Tagen im Monat, vorwiegend allein im privaten Raum), Freizeitkonsum (Konsum an ca. 18 Tagen im Monat, vorwiegend mit anderen zusammen, nur während der Freizeit) und Dauerkonsum (Konsum an ca. 23 Tagen im Monat, vorwiegend mit anderen zusammen, auch in arbeitsbezogenen Kontexten, extremere Konsumformen gegenüber den anderen Kategorien). Für die Gelegenheitskonsumenten ist der Gebrauch an ca. 4 Tagen pro Monat angegeben und nach seinem Verhalten nicht mehr weiter aufzuspalten.[25]

2.2.5 Problematischer versus kontrollierter Konsum:

Der Cannabiskonsum nimmt nur in seltenen Fällen einen problematischen Verlauf an. Dennoch ist in den letzten Jahren einer Zunahme an Behandlungs-nachfragen in Bezug auf einen problematisch erscheinenden Cannabiskonsum beobachtet worden. In solchen Fällen scheinen allerdings neben Cannabis auch oft andere Drogen konsumiert zu werden. Zudem ist es möglich, dass der Behandlungsbedürftigkeit noch andere psychosoziale Probleme zugrunde liegen.[26] Insgesamt erscheinen negative Auswirkungen auf die Psyche durch den

---

[24] Kleiber; Soellner (1998): Cannabiskonsum : Entwicklungstendenzen, Konsummuster und Risiken. S. 99 ff.

[25] Die Gesamtzahl von N=1121 teilte sich auf in: Gelegenheitskonsum (n=390), Individualkonsum (n=255), Freizeitkonsum (n=285) und Dauerkonsum (n=191). Kleiber; Soellner (1998), S.101.

[26] Zur Behandlungsnachfrage: EBDD (1999), S. 32 f.; EBDD (2000), S. 7.

Gebrauch von Cannabis als widerlegt. So eruieren Kleiber und Kovar[27] in ihrer vergleichenden Studie keine Verschlechterung der psychischen Gesundheit beim Konsum von Cannabis. Auch entwickeln nur wenige Cannabiskonsumenten kompulsive Konsummuster. Soellner ermittelt bei der Gruppe der Gelegenheitskonsumenten (zahlenmäßig größte Gruppe) eine Abhängigkeitsrate nach DSM IV[28] von 1%, bei Individualkonsumenten 10%, bei Freizeitkonsumenten 12% und nur bei den Dauerkonsumenten eine signifikant höhere Rate von 35%.[29] Die Gesamt-Abhängigkeitsrate nach DSM IV bei den Personen, die außer Cannabis noch keine anderen illegalen Drogen konsumiert haben, beträgt ca. 2%[30] bis 3%[31].

Das geringe Abhängigkeitspotenzial des reinen Cannabiskonsums einerseits, und die Entwicklung bestimmter (cannabis-) kultureller Gebrauchsregeln andererseits, machen einen kontrollierten Gebrauch von Cannabis zur Norm. Die Gebrauchsregeln sind ähnlich wie beim Alkohol. Beispielsweise wären hier zu nennen: Konsum nur während der Freizeit, nur mit Anderen zusammen und Aufrechterhalten von Kontakten zu cannabisabstinenten Personen. Der Konsum wird so in geregelte Bahnen gelenkt, wobei sich ein informelles Kontrollsystem entwickelt, welches vereinzelt auftretende Ausschweifungen sanktionieren kann.[32] Innerhalb dieser Gebrauchsregeln, die sicherlich nicht statisch und

---

[27] Kleiber; Kovar (1998): Auswirkungen des Cannabiskonsums : Eine Expertise zu pharma-kologischen und psychosozialen Konsequenzen. S. 119.

[28] DSM: Diagnostic and Statistical Manual of Mental Disease: Hier wird Abhängigkeit über bestimmte Kriterien des Konsumverhaltens, wie Toleranzentwicklung, Entzugssymptome, Kontrollverlust beim Konsum, Einschränkung von Alltagsaktivitäten und Fortsetzen des Konsum trotz Problembewusstsein definiert; körperliche Symptome (Toleranzentwicklung und spezifische Entzugssymptome) gelten hier weder als hinreichende noch als notwendige Kriterien. Vgl. Kleiber; Soellner (1998), 165 f.

[29] Soellner (2000): Abhängig von Haschisch? Cannabiskonsum und psychosoziale Gesundheit. S. 143 f.

[30] Kleiber; Soellner (1998), S. 155.

[31] Soellner (2000), S.144.

[32] Vgl. Schneider (1995), S. 64 (in Anlehnung an Zinnberg).

unveränderlich sind, erscheint der Konsum mit den täglichen Alltags-anforderungen vereinbar und ist somit kontrollierbar. Der kontrollierte und genussorientierte Gebrauch von Cannabis scheint daher letztlich die Regel zu sein. Es erscheint jedoch ein problematischer Verlauf des fortgesetzten Cannabiskonsums wahrscheinlicher, je jünger die Konsumenten beim Einstieg in den Gebrauch waren, wobei dies wiederum abhängig ist von der Intensität und der individuellen Bedeutung des Konsums.[33]

2.2.6 Straftaten im Zusammenhang mit dem Cannabiskonsum:

Wie schon erwähnt, handelt es sich bei den Cannabiskonsumenten um die größte Gruppe der Gebraucher illegaler Drogen. Dies bedingt für die oben genannten 2,4 Millionen Menschen in Deutschland einen ständigen Konflikt mit dem geltenden Recht und somit eine andauernde Gefahr der Stigmatisierung als Kriminelle. Zwar ist der Konsum selbst nicht verboten, jedoch macht sich der Konsument in der Regel über die konsumbezogenen Handlungen wie Besitz, Handel und Weitergabe strafbar.

In diesem Kontext können auch die Zahlen der Straftaten in Bezug auf Cannabis gesehen werden. So waren 2000 im Bereich der „Rauschgiftdelikte" 53,9% (131.662 Fälle)[34] allein Straftaten im Zusammenhang mit Cannabis. Werden diese Zahlen mit der geschätzten Anzahl der Konsumenten so genannter harter Drogen in Deutschland (ca. 120.000[35]), von denen, so Loviscach, die Mehrheit Heroinkonsumenten darstellen, in Verbindung mit der Anzahl der Straftaten im Zusammenhang mit Heroin (45.591[36]), verglichen, so wird

---

[33] Arbeitsgruppe Hanf und Fuß (1995), S. 119 ff.; s.a. Schneider (1995), S. 50 f.
[34] BKA (2000): Bundeskriminalamt: Rauschgiftjahresbericht 2000. S. 25.
[35] Loviscach (1996): Soziale Arbeit im Arbeitsfeld Sucht : Eine Einführung. S. 148.
[36] BKA (2000), S. 20.

deutlich, dass relativ gesehen weitaus weniger Cannabiskonsumenten strafrechtlich verfolgt werden, als Heroinkonsumenten.[37]

---

[37] Da sich die Zahlenangaben in diesem Vergleich aus verschiedenen Jahren (1996-2000) zusammensetzen, sind sie zwar nur bedingt vergleichbar, können allerdings trotzdem Aufschluss über das ungefähre Verhältnis zwischen straffällig gewordenen Cannabiskonsumenten und Heroinkonsumenten geben.

3. Kapitel: Geschichte der gesellschaftlichen Wahrnehmung und Bewertung von Cannabis:

3.1 Cannabis als Gegenstand von rechtlichen Normen:

Cannabis galt bis zum Beginn des 20. Jahrhunderts wohl in erster Linie als ein natürlicher Rohstoff, aus dessen Fasern Textilien, Seile und Papier hergestellt und dessen Samen zu Nahrungsmitteln und Öl verarbeitet wurden. Aber auch die cannabistypische Wirkung auf Geist und Körper ist schon seit jeher bekannt und wurde sowohl in der Medizin, als auch als Genuss- und Rauschmittel genutzt. Einige Kulturen nutzten zudem die cannabistypische Wirkung in ihren religiösen Riten.

In der jahrtausendlangen Geschichte der Nutzung des Hanfs war er bis in das 20. Jahrhundert nur selten restriktiven rechtlichen Normen unterworfen. Er war kulturell integriert und seine Verwendung wurde nicht als problematisch definiert. So gab es wohl kaum Gründe oder spezifische Interessen an seiner rechtlichen Kontrolle.

3.2 Cannabis im Schatten der Opiate:

Schon seit Beginn der Drogen-Kontrollpolitik steht Cannabis im Schatten der Opiate. So wurde er zwar etwas später, aber letztlich als genauso kontrollwürdig wie die Opiate eingestuft. Noch in den 1870er Jahren, so Scheerer, wurde nicht einmal die Alkaloidsucht (Opiate, Kokain) *„in der medizinischen Fachöffentlichkeit als ernstes Problem angesehen, geschweige denn von der Bevölkerung als 'abweichendes Verhalten' definiert"* [1]. Vielmehr wurde sie bis

---

[1] Scheerer (1982): Die Genese der Betäubungsmittelgesetze in der Bundesrepublik Deutschland und in den Niederlanden. S. 51.

dahin nur als *„Hunger"*[2] tituliert. Durch die Entwicklung der Injektionsspritze und der chemisch isolierten Opiate, wie Morphin und Diacetymorphin (Heroin) einerseits, und der Verabreichungsfreudigkeit der Ärzte andererseits, kam es zwar zu Erscheinungen, die wir heute Abhängigkeit nennen würden, welche aber durch die soziale Integration der Abhängigen, und eine den Entzugserscheinungen vorbeugende, permanente Verfügbarkeit der Stoffe, nicht sonderlich auffielen und somit auch keinen Anlass zur sozialen Problematisierung boten.

Der indische Hanf war lediglich durch die Apothekerverordnung von 1872, unter anderem zusammen mit Rizinusöl, Baldrianöl, Opium und Myrrhe, als apothekenpflichtig eingestuft. Sogar die Opiate erhielten bis zum Opiumgesetz von 1920 keine Sonderstellung und wurden bis dahin allein durch das Arzneimittelrecht geregelt.[3] Mit der Verabschiedung des ersten deutschen Opiumgesetzes von 1920[4] begann die Transplantation der Drogenkontrolle durch internationale, aber insbesondere durch US-amerikanische Einflüsse, in die deutsche Rechtslandschaft, da es die Opium einschränkenden Vorschriften der Konvention der Opiumkonferenz von Den Haag (1912) zu deutschem Recht werden ließ. Dies geschah nicht ganz freiwillig, vielmehr sträubte sich das Deutsche Reich vor der Ratifikation, wurde aber durch eine Handelsblockade, welche die Versorgung mit Opium und Morphin verknappte, sowie durch den Versailler Vertrag, zur Annahme des Übereinkommens gezwungen.[5]

Zusammenfassend kann hierzu gesagt werden, dass es erst durch die Transplantation der Kontrolle möglich wurde, den Drogenkonsum als problematisch und veränderungsbedürftig wahrzunehmen. War zuvor noch keine negative

---

[2] Ebd.
[3] Vgl. Scheerer (1982), S. 49 ff.
[4] Gesetz zur Ausführung des internationalen Opiumabkommens vom 23. Januar 1912.
[5] Vgl. Scheerer (1982), S. 40 f.; S. 48.

Wahrnehmung mit dem Drogenkonsum verbunden, stellte sich die Tatsache, dass Drogen konsumiert wurden, nun als problematisch und veränderungsbedürftig dar. Insofern hat die Transplantation der Kontrolle den Startschuss für die Konstituierung des „Rauschgiftproblems" gegeben. Es kam so zur „*Schaffung eines Sonderrechts, ... dem nicht von vornherein eine identifizierbare `Sonderwirklichkeit' entsprach, sondern welches sich diese Wirklichkeit erst schuf*"[6].

Zunächst, vor allem auf Opiatkonsum beschränkt, sollte sich diese Kontrolle und Problematisierung in der folgenden Zeit auch auf den Cannabiskonsum ausweiten.

3.3   Geschichte der Cannabis-Prohibition:

Das Cannabisverbot[7] in Deutschland, oder besser gesagt das Verbot des Umgangs mit Cannabis und somit letztlich die Kriminalisierung des Konsums[8], wie wir es heute kennen, ist weder ein Faktum, welches auf einer rein deutschen Entwicklung basiert, noch ist es ausschließlich auf die Drogenwirkung zurückzuführen. Vielmehr, so kommt bei der Betrachtung der Literatur heraus, ist die Prohibition von Cannabis ein Produkt aus internationalen Interessen von Lobbyisten aus der (vor allem US-amerikanischen) Politik und von großen Wirtschaftskonzernen, die ihre Durchsetzungsmacht dazu ausnutzen, ihre Interessen offensiv zu vertreten. Aus diesen angedeuteten Gründen, die später noch vertieft werden sollen, beginnt die Verbotsgeschichte von Cannabis auch erst vor ca. 75 Jahren. Für die Zeit davor lassen sich, auch international, nur

---

[6] Scheerer (1982), S. 49.
[7] Wenn vom Cannabisverbot gesprochen wird, dann ist damit in der Regel das Verbot des Umgangs mit Cannabis gemeint (so auch in dieser Arbeit), da sich Verbote immer auf Taten beziehen und nicht auf Dinge.
[8] Hierzu mehr im BtMG Kapitel 4.2.1.

einzelne temporäre Verbote lokalisieren. So erwähnt Lewin[9] ein Cannabisverbot von 1378 im arabischen Gebiet (Djoneima) und ein Verbot in Ägypten aus dem Jahre 1800. Beide Verbote werden von Lewin allerdings als letztlich erfolglos bezeichnet. Im deutschen Raum gab es zur Zeit der Hexenverfolgung ein Verbot der Verwendung von Hanf.[10] Ansonsten verhielt es sich mit Cannabis, ebenso wie dies bei den Opiaten der Fall war. Gesellschaftspolitisch fand der Cannabisgebrauch in Deutschland bis zum Beginn des 20. Jahrhunderts keine große Beachtung. Wenn auch durchaus Hanf konsumiert wurde – war er doch Tabakersatz bzw. Tabakbeimengung *(„Knaster")* vieler Hanfbauern, oder Bestandteil diverser Medikamente –, schien dies doch weder anstößig zu sein, noch wurde es gar als gefährlich und problematisch gesehen. Zudem gab es im Tabak-Handel um 1800 herum sogar eine fertige Cannabis-Tabak Mischung, die *„Starker Tobak"* genannt wurde.[11] Da der Konsum von Cannabis in der damaligen Zeit seitens der Gesellschaft keinerlei problematisierende Bewertung erfuhr, kann davon ausgegangen werden, dass sein Gebrauch, wie auch beispielsweise der des Alkohols, kulturellen Normen unterlag, die vor gesellschaftlich ungewollten Erscheinungen bewahrten, was letztlich auf eine kulturelle Integration hindeutet.

Auch in den beiden großen Opiumkonferenzen von 1909 (Shanghai) und 1912 (Den Haag) war eine Kontrolle von Cannabis noch nicht vorgesehen. Erst 1923 warf ein Vertreter der Buren in der internationalen Drogenpolitik die Frage auf, ob Cannabis nicht zum selben Problem wie Opium führen könne. Darauf hin wurde diese Frage bis zur Genfer Opiumkonferenz von 1925 in 19 Ländern untersucht. Mit Ausnahme von Portugal wurden von keinem Staat irgendwelche

---

[9] Lewin (1924): Phantastica : Die betäubenden und erregenden Genussmittel. S. 101 f.
[10] Rätsch (1995): »Hanf als Heilmittel«, in Cosack (Hrsg.); Wenzel (Hrsg.): Das Hanf-Tagebuch. Neue Beiträge zur Diskussion über Hanf, Cannabis, Marihuana. S. 51.
[11] Behr (2000), S. 146 f.

Probleme geschildert. Es kam allerdings trotzdem bei der Abstimmung zu einer knappen neun zu sieben Mehrheit (plus Enthaltungen) für die Aufnahme von Cannabis in die Kontrolle, da das Deutsche Reich, welches an sich kein Interesse daran hatte, durch die Zusage, keine Importbeschränkung für deutsches Heroin zu erlassen, von den Ägyptern zu einem Verbotsvotum beeinflusst wurde.[12]

Zur Ratifikation dieser Konvention kam es wiederum recht spät. Erst im Juni 1929 kam es durch das „Gesetz über das internationale Opiumabkommen vom 19.02.1925" zur Aufnahme der neuen Kontrollbestimmungen in das deutsche Recht, welches von nun an auch Cannabis mit den gleichen Einschränkungen bezüglich Herstellung, Verkehr und Handel belegte wie die Opiate. Auf dieser Basis wurde im Dezember 1929 das Opiumgesetz geschaffen, welches die Möglichkeit eröffnete, über eine Gleichstellungsklausel nachträglich weitere Stoffe dem Opiumgesetz hinzuzufügen, sollte dies aufgrund der Wirkungsweise gerechtfertigt erscheinen. Von nun an war der medizinische Umgang mit Hanf einer partiellen Erlaubnispflicht unterzogen und der Umgang mit Haschisch verboten. Das Opiumgesetz erhielt bis zur Novellierung im Jahre 1971 seine Gültigkeit und wurde dann 1972 vom Betäubungsmittelgesetz abgelöst.[13]

---

[12] Hierzu z.B.: Behr (2000), S. 226 f.
[13] Zu diesen Ausführungen: Behr (2000), S. 226 f.; Scheerer (1982), S. 63; S. 81.

3.4 Ächtung von Cannabis durch moralische Unternehmer[14] und die Anti-Marihuana-Kampagnen:

„Regeln sind Produkte einer Initiative, die jemand ergreift, und wir können uns Menschen, die eine solche Initiative entfalten, als moralische Unternehmer vorstellen. "[15]

Die Cannabispolitik kann als Paradebeispiel für die Aktivität von so genannten moralischen Unternehmern gesehen werden. Sie ergreifen die Initiative dafür, dass bestimmte Verhaltensweisen, welche sie als unerwünscht bewerten, als abweichendes Verhalten definiert und durch die Aufstellung von Regeln, formell von Regeldurchsetzern und letztlich auch informell durch das soziale Umfeld, kontrolliert und sanktioniert werden. Durch die öffentliche Thematisierung und Darstellung eines Verhaltens als inakzeptabel, gefährlich oder gar die Volksgesundheit gefährdend, will der Unternehmer die Problematisierung dieses Verhaltens und möglichst auch dessen Ächtung und rechtliche Kontrolle erreichen.

„Er geht mit einer absoluten Ethik vor; was er sieht, ist wahrhaft und total schlecht, ohne Einschränkung. Jedes Mittel ist ihm recht, um es aus dem Weg zu räumen. Der Kreuzfahrer ist leidenschaftlich und gerecht, häufig selbstgerecht. "[16]

Es wird also deutlich, dass moralische Unternehmer vor allem daran interessiert sind, das von ihnen abgelehnte Verhalten öffentlich bloßzustellen und zu diskreditieren, was allerdings nicht mit einer objektiven Darstellungsweise vereinbar sein muss. Hieran knüpft auch die Konstitution von sozialen Problemen an, auf die später noch eingegangen werden soll.

---

[14] Becker (1973): Außenseiter : Zur Soziologie abweichenden Verhaltens. S. 133 ff.
[15] Becker (1973), S 133.
[16] Ebd.

In der Geschichte der Cannabispolitik kann man auf unterschiedlichen Ebenen Interessenten finden, welche an der Eindämmung bis hin zum Verbot des Umgangs mit Cannabis Interesse hatten. So ist kaum ein Verbot so stark durch wirtschaftliche und politische Interessen, die letztlich wenig mit dem eigentlichen Gegenstand, dem Konsum, zu tun hatten, forciert worden, wie die Ächtung und Prohibition von Cannabis bzw. des Umgangs damit. Auf der einen Seite waren es zu Beginn des 20. Jahrhunderts die Interessen einflussreicher Industrieller aus der Papierproduktion wie Du Pont und Hearst, die besondere Verfahren entwickelt hatten, ihr Papier aus Holz herzustellen und in der neuen Entwicklung von Hanfverarbeitungsmaschinen eine große Konkurrenz sahen. Sie nutzten ihren Einfluss, um Cannabis in der Öffentlichkeit zu diskreditieren. So *„führte Hearsts Zeitungskette eine gezielte Kampagne der Sensationspresse für das Verbot von Hanf an".*[17] Auf der anderen Seite gab es vor allem einen Mann, Harry J. Anslinger, dessen Lebenswerk eine moralische Anti-Marihuana-Kampagne darstellt. Anslingers Aktivitäten lesen sich fast wie eine Verschwörungsgeschichte und sind häufig in der Literatur beschrieben worden. Mit der Einordnung von Becker[18] kann man ihn zunächst auf der Seite der Regeldurchsetzer einstufen, welcher sich allerdings, im Zuge der Legitimationsewinnung seines Kontrollapparates und der Ausweitung seines politischen Einflusses, zu einem regelsetzenden moralischen Unternehmer wandelte. Anslinger agierte letztlich auf allen Ebenen seines Kreuzzuges persönlich gegen den Cannabiskonsum, von der Thematisierung und Problematisierung des vermeintlichen Missstandes, über die Aufstellung von Regeln bis hin zu deren Durchsetzung. Er initiierte das wohl markanteste moralische Unternehmen in Bezug auf Cannabis, auf das hier exemplarisch eingegangen werden soll.

---

[17] Herer (1994): Die Wiederentdeckung der Nutzpflanze Hanf. S. 62.
[18] Vgl. Becker (1973), S. 133 f.

Harry J. Anslinger[19] war zunächst ab 1930 Commissioner des Federal Bureau of Narcotics, welches dem Finanzministerium unterstand und zuständig für die Opiumkontrolle und die Durchsetzung der Alkoholprohibition in den USA war. Als das Ende der Alkoholprohibition absehbar wurde, drohte seinem bestehenden Bürokratie- und Verfolgungsapparat zumindest teilweise der Verlust der Legitimation. Um diese Legitimation zu erhalten und die Bedeutung seiner Institution darüber hinaus noch zu heben, begann Anslinger seinen Feldzug gegen Marihuana. Mit Hilfe der Boulevard-Presse verbreitete er zum Teil erfundene und manipulativ wirkende Schreckensmeldungen darüber, dass Marihuanakonsum zu brutalen Gewalttaten führt. Cannabis wurde öffentlich diabolisiert und als „Mörderkraut"[20], „Kraut der Verrücktheit" („weed of madness")[21] oder „Mörder der Jugend" („Assassin of youth")[22], so ein Artikel von Anslinger im American Magazine, bezeichnet. Mittels dieser Rufmord-ampagne konnte er auch 1937 eine, aufgrund ihrer Höhe und des damit verbundenen Verwaltungsaufwandes, prohibitiv wirkende Marihuana-Steuer (Marihuana Tax Act) durchsetzen. Anslinger, der in den USA eine politisch äußerst rechtsradikale Haltung vertrat, nutzte seine Kampagne gegen Marihuana zudem zur Diskriminierung der farbigen Minderheit, indem er die Schwarzen regelmäßig mit Gewaltverbrechen unter Marihuana-Einfluss in Verbindung brachte und ihnen unterstellte, weiße Frauen mittels Marihuana zu verführen.[23]

Im Laufe seines politischen Werdegangs wollte Anslinger die Jazz-Musik als Werbung für Marihuana verbieten lassen und ermittelte gegen Popeye, da er den

---

[19] Zu den Ausführungen über Anslinger vgl.: Behr (2000), S. 225-250; Herer (1994), S. 57-74; Schneider (1995), S. 30 ff.; Thamm (1989): Drogenfreigabe – Kapitulation oder Ausweg? : Pro und Contra zur Liberalisierung von Rauschgiften als Maßnahme zur Kriminalitätsprophylaxe. S. 76 ff.; Thamm (1996): »Cannabis«, in Neumeyer (Hrsg.): Cannabis. S. 130 ff.
[20] Thamm (1989), S. 76.
[21] Thamm (1989), S. 74.
[22] Behr (2000), S. 235.
[23] Vgl. Herer (1994), S. 66-68.

übermäßig starkmachenden Spinat als einen für den Marihuanakonsum werbenden Code interpretierte.[24] Anslinger verstand sich darauf, die Öffentlichkeit zu manipulieren und Cannabis für seine Zwecke auszunutzen. So sprach er, scheinbar gezielt, nie vom alt eingesessenen Hanf oder von Cannabis, sondern stets von Marihuana, um mit Hilfe dieses geheimnisvoll und exotisch klingenden Wortes leichter Assoziationen der Verführung und Gefahr zu erzeugen. Zudem verbreitete er, je nachdem was er gerade erreichen wollte, sich zum Teil selbst widersprechende Lügen über die Wirkungen und Folgen des Marihuanakonsums. Mal vertrat er die Ansicht, Marihuanakonsum führe zu Gewalttätigkeiten, ein anderes Mal sprach er davon, Cannabis würde friedlich machen und könne von den Kommunisten benutzt werden, um die Kampfmoral der Armee zu schwächen.[25] Weiterhin behauptete er zunächst, Marihuana sei gefährlicher als Opium und schloss einen Umstieg aus, vertrat aber später die Ansicht, es würde zwangsläufig zum Gebrauch stärkerer Drogen führen, womit er die Einstiegstheorie ins Leben rief, die sich teilweise noch bis in die heutige Zeit hält.[26] Als der New Yorker Bürgermeister LaGuardia 1944 die von ihm in Auftrag gegebene Studie (LaGuardia-Report) über den Gebrauch von Marihuana veröffentlichte, welche ergab, dass dieser weder zur Sucht, noch zum Umstieg auf Heroin oder Kokain oder zu Gewaltverbrechen führt[27], reagierte Anslinger mit einem Quasi-Forschungsverbot für die autonome Cannabisforschung, indem er denjenigen Ärzten, die ohne seine Genehmigung Cannabisforschung betrieben, mit Gefängnis drohte.[28] Anslinger erlangte nach dem zweiten Weltkrieg das Amt des Vorsitzenden der UN-Drogenkommission und bewirkte in der WHO die Auffassung, Hanf verfüge über keinen therapeutischen Nutzen.

---

[24] Vgl. Behr (2000), S. 239 f.
[25] Vgl. Herer (1994), S. 70.
[26] Vgl. Thamm (1989), S. 77.
[27] New Yorker LaGuardia-Report (1944): in Leonhardt (1970): Haschisch-Report. S. 117.
[28] Herer (1994), S. 69.

Somit weitete er seine Drogenpolitik auf den internationalen Raum aus und erreichte über die UN-Single Convention von 1961[29] die weltweite Ächtung von Cannabis.

3.4.1 Funktionen der Anti-Marihuana-Kampagnen:
3.4.1.1 Allgemeine Funktionen abweichenden Verhaltens:

Abweichendes Verhalten hat nicht nur eine dysfunktionale Wirkung auf bestehende gesellschaftliche Zusammenhänge. Wird ein Verhalten als abweichend etikettiert oder gar kriminalisiert, kann es trotzdem noch dazu dienen, bestimmte, die Gesellschaft stützende, Funktionen zu erfüllen.

Folgende Funktionen lassen sich aus der Literatur über deviantes Verhalten herausfiltern[30]:

Abweichendes Verhalten kann die Grenzen einer Norm verdeutlichen und somit sichtbar machen, was als abweichend definiert wird und was noch gesellschaftlich akzeptabel erscheint (Definitionsfunktion). Die normkonforme Mehrheit bekommt mit den Abweichlern ein kollektives Feindbild präsentiert, gegen das sie sich solidarisieren kann (Solidarisierungsfunktion). Weiterhin kann durch die Abweichung ein Handlungsbedarf erschlossen werden, welcher

---

[29] Hierzu mehr in Kapitel 4.1.1.
[30] Vgl. hierzu: Hess (1991): »Drogenmarkt und Drogenpolitik : Zur Kritik der Prohibition«, in Ludwig (Hrsg.); Neumeyer (Hrsg.): Die narkotisierte Gesellschaft? Neue Wege in der Drogenpolitik und akzeptierende Drogenarbeit. S. 35; Lamnek (1999): Theorien abweichenden Verhaltens. S. 40 ff.; Quensel (1985): Mit Drogen leben : Erlaubtes und Verbotenes. S. 35 f.; Schmidt-Semisch (1992): Drogen als Genussmittel : Ein Modell zur Freigabe illegaler Drogen. S. 20 ff.
Hess (1991), S. 35. Zu den Funktionen des Drogenproblems: „... die Weigerung, Ergebnisse wissenschaftlicher Untersuchungen ernsthaft zur Kenntnis zu nehmen, die Unterdrückung alternativer Vorschläge aus den Reihen der Drogenhelfer, das Festhalten an der Kriegsrhetorik schüren den Verdacht, daß Drogenpolitik hier womöglich mehr ist als nur 'Drogen'-Politik, daß der War on Drugs in gewisser Weise ein Selbstzweck ist, der seine Funktionen auch ohne Siege auf dem erklärten Schlachtfeld erfüllt."

z.B. den Ausbau des staatlichen Machtapparates oder von Institutionen der sozialen Kontrolle legitimieren kann (Legitimationsfunktion). Dies wiederum geht über in die Möglichkeit, aus dem abweichenden Verhalten ökonomische Vorteile zu ziehen (ökonomische Funktion). So führt die Abweichung nicht nur zu Verdienstmöglichkeiten im staatlichen Kontrollapparat, sondern auch z.b. im Bereich von Presse und Fernsehen, welche durch Sensationsmeldungen über Drogen oder Gewalt höhere Auflagen bzw. Einschaltquoten erlangen können. Auch kann durch Hervorheben eines bestimmten abweichenden Verhaltens von einem anderen, evtl. schwerwiegenderen Problem, abgelenkt werden (Ablenkungsfunktion). Nicht zuletzt erfüllt abweichendes Verhalten die Funktion als Indikator für einen nötigen Normwandel (Indikatorfunktion). So wird, da sich in der Regel keiner freiwillig negativen Sanktionen aussetzt, durch Zunahme des devianten Verhaltens, trotz konstanter Sanktionierung, die Norm in Frage gestellt.[31]

3.4.1.2 Spezielle Funktionen der Anti-Marihuana-Kampagnen:

Werden die Kampagnen, die Methoden und die Mühen, die aufgebracht wurden, um Cannabis zu ächten bzw. zu verbieten, näher betrachtet, so kristallisieren sich auch hier verschiedene Funktionen heraus, die den Kampf gegen die vermeintlich gefährliche Droge und die Definition des Cannabis-konsums als abweichendes Verhalten letztlich als Vorwand für andere Zwecke entlarven. Im Falle der oben angeführten Industriellen ist die treibende Motivation für die Kampagnen nicht auf den Drogenkonsum bezogen. Ihnen geht es vor allem darum, einen potenziellen Konkurrenten (Hanf als Faserpflanze) zu bekämpfen, wobei die Mittel, um Cannabis abzuwehren, ebenso pseudo-ideologisch und manipulativ sind wie bei Anslinger.

---

[31] Lamnek (1999), S. 40.

Bei Anslinger ist die Intention zu erkennen, durch die Diskreditierung von Cannabis bestimmte politische Ziele zu verfolgen, die kaum mit den realen Eigenschaften der Cannabispflanze und ihrem Konsum in Verbindung stehen. Er selbst gab nach seinem politischen Ausstieg zu, dass er Marihuana als eher harmlos ansah und es nur benutzte, um durch das Verbot die Autorität des Staates zu stärken. Zudem galt die internationale Ausweitung seiner Politik für ihn als *„Bestätigung des Ansehens"* und als *„politische Demonstration der Vorherrschaft der USA"*.[32]

Letztlich kann eine Liste von Funktionen der Anti-Marihuana-Kampagnen aufgestellt werden, welche sich vor allem im Bereich der ökonomischen Funktion und der Legitimationsfunktion befinden:

- Ausschaltung einer wirtschaftlichen Konkurrenz
- Legitimation für einen Bürokratie- und Verfolgungsapparat
- Einführung von Rechtsnormen zur sozialen Kontrolle
- Demonstration von politischer Macht und Vorherrschaft
- Diskriminierung von ethnischen Minderheiten

Der Unterschied zu den oben genannten allgemeinen Funktionen abweichenden Verhaltens ist allerdings im Vorsatz zu sehen. Während die Eufunktionen der Devianz sonst eher unbewusste Produkte der Abweichung sind, haben die Unternehmer die Kampagnen genutzt, um diese Funktionen letztlich als Intention vorweg zu nehmen.

---

[32] Behr (2000), S. 247.

4. Kapitel: Rechtliche Aspekte:

4.1   Die Konventionen der Vereinten Nationen:

Die Bundesrepublik Deutschland hat im Rahmen der Vereinten Nationen drei drogenpolitisch relevante Konventionen ratifiziert:

- Das Einheitsübereinkommen von 1961[1] in der geänderten Fassung von 1972: Single Convention on Narcotic Drugs
- Das Suchtstoffübereinkommen von 1971[2]: Convention on Psychotropic Substances
- Das Suchtstoffübereinkommen von 1988[3]: United Nations Convention Against Illicit Traffic in Narcotic Drugs and Psychotropic Substances

Die drei UN-Konventionen können als das Regeln setzende Resultat eines internationalen Problematisierungsprozesses gesehen werden. Sie stellen heute die völkerrechtliche Basis zur internationalen Kooperation im Bereich der Betäubungsmittel-Kontrolle dar und dienen dazu, diese weitestgehend einheitlich im internationalen Raum zu ermöglichen. Die späteren Übereinkommen heben die vorhergehenden nicht auf[4], wodurch sie insgesamt als Einheit zu verstehen sind[5].

Im Folgenden soll ein Überblick über die Schwerpunkte der einzelnen Konventionen gegeben werden.[6]

---

[1] Wird im Weiteren mit UN-EÜ 1961/72 abgekürzt.
[2] Wird im Weiteren mit UN-SÜ 1971 abgekürzt.
[3] Wird im Weiteren mit UN-SÜ 1988 abgekürzt.
[4] Vgl. UN-SÜ 1988 Art. 25.
[5] Vgl. Klinger (1999): Die Implementationssicherungsmechanismen der UN-Drogenkonventionen von 1961, 1971 und 1988. S. 83.
[6] Die Artikelangaben beziehen sich, soweit nicht ausdrücklich anders angegeben, auf die jeweilige Konvention.

4.1.1 Einheitsübereinkommen von 1961/72:

Im Einheitsübereinkommen von 1961 (Single Convention), in der geänderten Fassung von 1972, ist vor allem der Anbau und Handel von Drogen auf Opiat-, Kokain- und Cannabisbasis, also vor allem pflanzlicher Art, geregelt. Durch die Konvention der Vereinten Nationen sollen Betäubungsmittel und Suchtstoffe einer internationalen Kontrolle unterworfen und ein Gebrauch außerhalb medizinischer und wissenschaftlicher Zwecke möglichst verhindert werden. Die Vertragsstaaten werden im Rahmen der Konvention aufgefordert, entsprechende Normen zur Kontrolle von Betäubungsmitteln zu erlassen, welche die Auflagen des Übereinkommens erfüllen.

Die zu kontrollierenden Substanzen bzw. Pflanzen sind ähnlich dem Betäubungsmittelgesetz in Anhängen nach Kontrollintensität eingeordnet. Cannabis ist zusammen mit Heroin in Anlage I aufgeführt. Zudem werden beiden „Suchtstoffen" besonders gefährliche Eigenschaften, wie ein hohes Missbrauchspotenzial, eine hohe schädliche Wirkung und ein geringer therapeutischer Nutzen zugesprochen, weshalb sie auch zusätzlich in Anlage IV aufgeführt und mit weitergehenden Kontrollmaßnahmen belegt werden.[7]

In Artikel 2 V b heißt es für Substanzen, die in Anlage I und zusätzlich auch in Anlage IV aufgeführt sind:

> *„Jede Vertragspartei verbietet die Gewinnung, Herstellung, Ausfuhr, Einfuhr, den Besitz und die Verwendung dieser Suchtstoffe sowie den Handel damit, wenn sie dies im Hinblick auf die im Staat herrschenden Verhältnisse für das geeignetste Mittel hält, die Volksgesundheit und das öffentliche Wohl zu schützen"[8].*

---

[7] Vgl. UN-EÜ 1961/72: Art. 2 V a und Art. 3 V.
[8] UN-EÜ 1961/72: Art. 2 V b.

Hier liegt also keine direkte Verpflichtung zum Verbot vor und auch von Strafe ist an dieser Stelle noch nicht die Rede. Würde demzufolge ein Verbot nicht als das geeignetste Mittel gehalten, um die Volksgesundheit und das öffentliche Wohl zu schützen, so müsste der Staat kein Verbot erlassen. Nach Hess wäre demnach sogar im Rahmen der Konvention von 1961/72 eine Legalisierung möglich, zumindest aber eine Umstellung auf das Ordnungswidrigkeitsrecht.[9]

Albrecht widerspricht allerdings der Möglichkeit, aus dieser Beurteilung eine Legalisierung abzuleiten[10], da auch weiterhin durch Artikel 4 c Kontroll- und Überwachungsmaßnahmen getroffen werden müssen, *„die Gewinnung, Herstellung, Ausfuhr, Einfuhr, Verteilung, Verwendung und den Besitz von Suchtstoffen sowie den Handel damit auf ausschließlich medizinische und wissenschaftliche Zwecke zu beschränken"*[11].

Daher ist nach Albrecht *„die Reichweite der Verpflichtungen zur Setzung von Strafrecht zur Implementation des Verbots .. dagegen zuallererst aus Art. 36 abzuleiten"*[12], da sich Artikel 2 V und Artikel 4c *„alleine auf das grundsätzliche (zunächst verwaltungsrechtliche oder staatliche) Verbot [Anmerkung im Original]"*[13] beziehen.

Aber auch nach Artikel 36 I a werden Strafandrohungen nur vorbehaltlich der jeweiligen Verfassungsordnung der Vertragsstaaten gefordert. Dies ist allerdings auch selbstverständlich, da internationale Konventionen, um ratifiziert zu werden, auf ihre Verfassungsmäßigkeit hin überprüft werden müssen. Durch

---

[9] Hess (1991), S. 45.
[10] Albrecht (1998): »§10. Internationales Betäubungsmittelrecht und internationale Betäubungsmittelkontrolle«, in Kreuzer (Hrsg.): Handbuch des Betäubungsmittel-strafrechts. S. 675.
[11] UN-SÜ 1961/72: Art. 4 c.
[12] Albrecht (1998), S. 675.
[13] Ebd.

die Ratifizierung wird der Inhalt der Konvention zu Bundesrecht transformiert, welches selbstredend verfassungskonform sein muss.[14]

Artikel 4 c sieht zwar auch eine Verpflichtung zur Beschränkung der Verwendung von Suchtstoffen jenseits von medizinischen und wissenschaftlichen Zwecken vor, in den Strafvorschriften von Artikel 36 ist der Konsum jedoch ausgeklammert. Vielmehr sollen Maßnahmen gegen den Missbrauch von Suchtstoffen gefördert werden. Hierzu zählen Verhütung des Missbrauchs, Beratung, Nachbehandlung und Wiedereingliederung genauso, wie die Schaffung der nötigen personellen Ressourcen, um diese Aufgaben zu erfüllen.[15] Zudem können die Vertragsparteien bei missbrauchsbezogenen Verstößen, statt Bestrafung oder Verurteilung, eine solche Maßnahme nach Artikel 38 I für den Täter vorsehen.[16]

Der Anbau von Cannabispflanzen *„zu ausschließlich gärtnerischen und gewerblichen Zwecken (Fasern und Samen)"*[17] untersteht laut Artikel 28 II nicht dem Übereinkommen.

4.1.2 Suchtstoffübereinkommen von 1971:

Wegen der Zunahme des Konsums von synthetisch oder teilsynthetisch hergestellten Drogen, wie LSD, Amphetaminen und Meskalin in den 1960er Jahren, kam es 1971 zur Erweiterung der mit der Single Convention eingeführten Drogenkontrolle durch die Convention on Psychotropic Substances der Vereinten Nationen. Cannabis erfährt hier keine Neubewertung, sein Hauptwirkstoff Delta-9-THC (Anlage II SÜ 1971) unterliegt denselben Kontrollen wie im Einheitsübereinkommen von 1961/72.[18]

---

[14] Vgl. Albrecht (1998), S. 675.
[15] Vgl. UN-SÜ: 1961/72 Art. 38.
[16] Vgl. UN-SÜ 1961/72: Art. 36 b.
[17] UN-SÜ 1961/72: Art. 28 II.
[18] Vgl. auch EKDF (1999): Cannabisbericht. Schweiz. S. 47.

4.1.3 Suchtstoffübereinkommen von 1988:

Das Übereinkommen gegen den unerlaubten Verkehr mit Suchtstoffen und psychotropen Stoffen von 1988, schreibt seinen Vertragsstaaten die Klassifizierung des Umgangs mit den Suchtstoffen und psychotropen Stoffen, entgegen den Übereinkommen von 1961/72 und 1971, als Straftaten vor. Es konzentriert sich allerdings dann auf die Verfolgung des profitorientierten Drogenhandels. Hier verlangt es z.B. Maßnahmen, um das *„Organisieren, Leiten und Finanzieren"*[19], *„das Umwandeln oder Übertragen von Vermögensgegenständen"*[20] bzw. den *„Erwerb, Besitz oder die Verwendung"*[21] dieser, von und in Verbindung mit, in Artikel 3 I a umschriebenen Taten, als Straftaten zu umschreiben. Ferner sind die Einziehung von Vermögen aus illegalen Drogengeschäften[22] und die internationale Zusammenarbeit vorgesehen. Kooperationen zwischen den Staaten sollen insbesondere bei Auslieferungen[23], sowie bei der Rechtshilfe in Ermittlung, Strafverfolgung und Gerichtsverfahren[24], stattfinden.

Zudem werden die Vertragsstaaten durch das Suchtstoffübereinkommen von 1988 verpflichtet, das *„Herstellen, Befördern oder Verteilen von Gerät, Material, oder in Tabelle I und II aufgeführten Stoffen"*[25], die zu unerlaubtem Anbau oder Produktion von Suchtstoffen oder psychotropen Stoffen verwendet werden sollen, zu bestrafen. Hier noch allgemein formuliert und neben Geräten und Material aufgeführt, geht der Artikel 12 direkt auf *„für die unerlaubte Herstellung von Suchtstoffen und psychotropen Stoffen häufig verwendete Stoffe"* ein. Dies bezieht sich auf die so genannten Vorläuferstoffe, die zur

---

[19] UN-SÜ 1988: Art 3 I a v.
[20] UN-SÜ 1988: Art. 3 I b i
[21] UN-SÜ 1988: Art. 3 I c i.
[22] UN-SÜ 1988: Art. 5.
[23] UN-SÜ 1988: Art. 6.
[24] UN-SÜ 1988: Art. 7.
[25] UN-SÜ 1988: Art. 3 a iv.

Herstellung von z.B. Kokain oder Heroin benötigt werden. Sie werden in Tabellen namentlich benannt und der Kontrolle der internationalen Drogenbekämpfung unterworfen.[26] Erstmals wird in dieser Konvention auch verlangt, den Besitz, Kauf oder Anbau der kontrollierten Substanzen zum Eigenverbrauch unter Strafe zu stellen.[27] Die Konsumländer versuchten zunächst die konsumbezogenen Delikte auszuklammern, da diese als weniger schwerwiegend eingestuft wurden und ihre Verfolgung wegen der hohen Folgekosten als ungerechtfertigt angesehen war.[28] So wurde die Verfolgung der auf den Eigenkonsum bezogenen Straftaten unter den Vorbehalt der Verfassungsgrundsätze und der Grundzüge der Rechtsordnung der Vertragsstaaten gestellt.

Da dies trotzdem zu einer Kriminalisierung des Konsums führt, sieht Albrecht hierin „eine besonders umstrittene Kriminalisierungspflicht"[29]. Die Überlegung, so Albrecht, ist, dass der Konsument in seiner Eigenschaft als Nachfrager gleichermaßen wie der Anbieter den Schwarzmarkt in Gang hält, und somit an der vermeintlichen Gefährdung der Volksgesundheit beteiligt ist. Der Schwarzmarkt soll dieser Vorstellung nach durch den zwangsweisen Entzug der Nachfrager ausgetrocknet werden.[30] Zusätzlich oder anstelle von Bestrafung können die Vertragstaaten aber auch bei Straftaten nach Artikel 3 II z.B. Maßnahmen zur Behandlung, Erziehung und sozialen Wiedereingliederung vorsehen.[31]

---

[26] Vgl. z.B. Albrecht (1998), S. 662 f.
[27] UN-SÜ 1988: Art 3 II.
[28] Vgl. Klinger (1999), S. 96.
[29] Albrecht (1998), S. 664.
[30] Albrecht (1998), S. 664 f.
[31] UN-SÜ 1988: Art. 3 IV d.

Unterstand der Anbau der Cannabispflanze zu gärtnerischen und gewerblichen Zwecken nicht dem Einheitsübereinkommen von 1961/72, so ist in Artikel 14 (UN-SÜ 1988) ausdrücklich von *„Maßnahmen zur Ausmerzung des unerlaubten Anbaus von Betäubungsmittelpflanzen"* die Rede. In Artikel 14 Abs. 2 ist die Cannabispflanze namentlich aufgeführt, ihr unerlaubter Anbau ist zu verhindern und unerlaubt angebaute Pflanzen sind zu vernichten.

Interpretationserklärung zu Artikel 3 II UN-Konvention von 1988:

Bei der Ratifikation des Übereinkommens von 1988 hat die Bundesrepublik Deutschland eine Interpretationserklärung abgeben. So steht in der Bekanntmachung über das Inkrafttreten des Übereinkommens von 1988:

„Bei Hinterlegung der Ratifikationsurkunde hat Deutschland die folgende Erklärung abgegeben: Nach dem Verständnis der Bundesrepublik Deutschland können die in Artikel 3 Abs. 2 genannten Grundzüge der Rechtsordnung einem Wandel unterliegen."[32]

Eine Interpretationserklärung schließt, im Gegensatz zu einem Vorbehalt, keine Rechtswirkung bestimmter Vertragsvorschriften aus oder ändert diese, sondern sie weist nur auf die Position hin, die ein Staat zu einer bestimmten Auslegungsfrage vertritt.[33] Insofern verdeutlicht die Erklärung nur eine Selbstverständlichkeit, da *„das, was als Recht bezeichnet wird, veränderbar ist und veränderbar bleiben muss (soll sich das Recht nicht als Hindernis für sozialen Wandel und Fortschritt erweisen)[Anmerkung im Original]"*.[34] Insofern muss sich die deutsche Interpretation des Artikels 3 II, über die Strafandrohung für Besitz, Kauf und Anbau zum Eigenverbrauch, an die

---

[32] Bundesgesetzblatt 1994 II, 4/6.1, S.1.
[33] Vgl. Kuckelsberg 1996: »Möglichkeiten veränderter Politik innerhalb der internationalen Verträge«, in Neumeyer (Hrsg.): Cannabis. S. 253 ff.
[34] Albrecht (1998), S. 682.

vertraglichen Rahmenbedingungen halten, welche allerdings durch den vertragsinternen Vorbehalt: *„vorbehaltlich ihrer Verfassungsgrundsätze und Grundzüge der Rechtsordnung"*[35] schon einen gewissen Interpretationsspielraum zulassen.[36]

4.1.4 Auswirkungen der UN-Konventionen auf die BRD:

Die internationalen Abkommen schufen die Rahmenbedingungen für die heutige Drogenpolitik und -bewertung. Zwar war auch der Umgang mit Cannabis (zu nichtmedizinischen Zwecken) wie beschrieben schon seit 1929 in Deutschland verboten, jedoch blieb dies zunächst ein *„papierenes Gesetz ohne Verfolgungsrealität"*[37]. Durch die Ratifikationen der Abkommen der Vereinten Nationen kam es aber auch zu einer zunehmenden innerstaatlichen Repression und dem Anspruch, die Verbote durchzusetzen. So wurde 1972 das Betäubungsmittelgesetz (BtMG) eingeführt, um auf die internationalen Forderungen zu reagieren.

---

[35] UN-SÜ 1988: Art. 3II.
[36] Zu den Interpretationsspielräumen: s.a. auch Kapitel 6.5.
[37] Quensel (1982): Drogenelend : Cannabis, Heroin, Methadon: für eine neue Drogenpolitik.

4.2   Aktuelle rechtliche Situation in der Bundesrepublik Deutschland:

Entsprechend den Forderungen der internationalen Verträge, ist die rechtliche Situation in der Bundesrepublik Deutschland in Bezug auf Drogen von Prohibition und strengen staatlichen Einschränkungen geprägt. Die Kontrolle über Substanzen, die als Betäubungsmittel eingestuft sind, hat in der Bundesrepublik einen derart großen Stellenwert, dass ihr ein eigenes Gesetz zugesprochen wird, welches zum Nebenstrafrecht gehört.

4.2.1   Das Betäubungsmittelgesetz (BtMG):

Das Cannabisverbot ist mit den anderen Drogenverboten und Verkehrs- und Umgangsbeschränkungen für Betäubungsmittel im Betäubungsmittelgesetz geregelt. Das Betäubungsmittelgesetz regelt den Umgang mit allen Substanzen, die der Kontrolle des Bundesinstituts für Arzneimittel und Medizinprodukte unterliegen und in den Anlagen zu § 1 Abs. 1 BtMG aufgeführt sind. Diese Substanzen fallen somit unter die staatliche Kontrolle und unterliegen starken Einschränkungen: Alle unerlaubten produzierenden, weitergebenden, erwerbenden und besitzenden Handlungen mit Betäubungsmitteln sind Straftaten, allein der Konsum selbst ist keine strafbare Handlung.[38] Die Anlagen 1 bis 3 des Betäubungsmittelgesetzes sind nach Schärfe der Kontrolle gestaffelt:

I.   nicht verkehrsfähige Betäubungsmittel

II.   verkehrsfähige, aber nicht verschreibungsfähige Betäubungsmittel

III. verkehrsfähige und verschreibungsfähige Betäubungsmittel

Diese Anlagen beinhalten Listen von Substanzen, die ihrer Wirkung nach nicht unbedingt Betäubungsmittel im engeren pharmazeutischen Sinn sein

---

[38] Straftaten s.a. BtMG § 29 und § 30.

müssen. So werden mittels dieses Gesetzes zum Teil auch Halluzinogene (z.B. Meskalin, Psilocybin, LSD) und Stimulanzien (z.B. Kokain, MDMA) der staatlichen Kontrolle untergeordnet. Hieraus wird ersichtlich, dass die Einordnung von Substanzen als Betäubungsmittel einem Definitionsprozess des Gesetzgebers unterliegt, um verschiedene Substanzen, die aufgrund eines vermeintlichen Abhängigkeits-, Gefahren- oder Missbrauchspotenzials, für kontrollwürdig gehalten werden, in die Anlagen des Betäubungsmittelgesetzes aufzunehmen. Demnach sind auch *„Betäubungsmittel im Sinne dieses Gesetzes .. die in den Anlagen I bis III aufgeführten Stoffe und Zubereitungen".*[39]

Die Listen können von der Bundesregierung geändert oder ergänzt werden,

„wenn dies
1. *nach wissenschaftlicher Erkenntnis wegen der Wirkungsweise eines Stoffes, vor allem in Hinblick auf das Hervorrufen einer Abhängigkeit,*
2. *wegen der Möglichkeit, aus einem Stoff oder unter Verwendung eines Stoffes Betäubungsmittel herstellen zu können, oder*
3. *zur Sicherheit oder zur Kontrolle des Verkehrs mit Betäubungsmitteln oder anderen Stoffen oder Zubereitungen wegen des Ausmaßes der missbräuchlichen Verwendung und wegen der unmittelbaren Gefährdung der Gesundheit erforderlich ist. "*[40]

Cannabis ist mit anderen Substanzen, wie zum Beispiel Heroin, LSD, MDMA, Meskalin und Psilocybin, in der Anlage I, mit den stärksten Beschränkungen, aufgeführt. Eine Erlaubnis zum Umgang mit diesen Substanzen kann *„nur ausnahmsweise zu wissenschaftlichen oder anderen im öffentlichen Interesse liegenden Zwecken"* über das Bundesinstitut für Arzneimittel und Medizinprodukte erteilt werden.[41]

---

[39] BtMG § 1 Abs. 1.
[40] BtMG § 1 Abs. 2.
[41] BtMG § 3 Abs. 2.

Das Strafmaß für Zuwiderhandlungen gegen das Betäubungsmittelgesetz variiert je nach dem Schweregrad zwischen Geldstrafe[42] und Freiheitsstrafe nicht unter fünf Jahren (bis zu 15 Jahren)[43]. Um im Einzelfall, auf einen Gesetzesverstoß milde reagieren zu können, wurde dem Betäubungsmittel-gesetz 1992, zusätzlich zu dem schon bestehenden § 29, eine weitere Opportunitätsklausel (§ 31a) hinzugefügt. Die §§ 29 Abs. 5 und 31a BtMG ermöglichen Straffreiheit *"wenn der Täter die Betäubungsmittel lediglich zum Eigenverbrauch in geringer Menge anbaut, herstellt, einführt, ausführt, durchführt, erwirbt, sich in sonstiger Weise verschafft oder besitzt"*[44] und *"die Schuld des Täters als gering anzusehen wäre [und] kein öffentliches Interesse an der Strafverfolgung besteht"*.[45] Dem älteren § 29 Abs. 5 BtMG zufolge, kann das Gericht bei Vergehen gegen § 29 Abs. 1, 2 und 4 BtMG von der Bestrafung absehen. Nach § 31a BtMG, welcher erst 1992 hinzugefügt wurde, kann nach Abs. 1 bereits der Staatsanwalt von der Verfolgung des Vergehens nach § 29 Abs. 1, 2 und 4 BtMG absehen.

Beachtenswert ist, dass der reine Konsum von illegalen Drogen aus dem Verbot ausgeklammert und somit legal ist. Es erscheint allerdings äußerst schwierig illegale Substanzen zu konsumieren, ohne gleichzeitig durch Verschaffung, Erwerb oder Besitz gegen geltendes Recht zu verstoßen. Dies führt in wohl jedem Fall zu einer Kriminalisierung der Konsumenten, da diese sich in der Regel über die konsumvorbereitenden Tätigkeiten oder den Besitz strafbar machen. Denkbar wäre ein nicht kriminalisierbarer Konsum lediglich, wenn kein „Besitz" im juristischen Sinne vorhanden ist und auch keine weiteren

---

[42] BtMG § 29 Abs. 1.
[43] BtMG § 30a Abs. 1.
[44] BtMG § 29 Abs. 5 und § 31a.
[45] BtMG § 31a.

illegalen Handlungen getätigt werden. Böllinger et al.[46] sprechen davon, dass das *„bewusste tatsächliche Innehaben bzw. Herrschaftsverhältnis"* zählt, und das *„kurze Ansichnehmen ohne Herrschaftswille"* nicht genügt, um den Besitz zu definieren. So macht sich derjenige nicht strafbar, der in einer Cannabis konsumierenden Runde sitzt, den Joint annimmt und daran zieht, da hier kein Besitz vorliegt[47]. Der Jurist Nitschke greift ebenfalls dieses Beispiel auf, fügt jedoch noch hinzu, dass der Joint zurückgeben werden muss und nicht an Dritte weiterreicht werden darf, da dies wiederum verbotene Gebrauchsüberlassung[48] wäre.[49] Praktisch gesehen entspricht dieses konstruierte Beispiel jedoch kaum der Konsumrealität, gehört doch gerade beim gemeinschaftlichen Cannabiskonsum das Kreisenlassen der Cannabiszigarette häufig zum Gebrauchsritual.

---

[46] Böllinger et al. (1995): Drogenrecht, Drogenpraxis, Drogenpolitik. Leitfaden für Drogenbenutzer, Eltern, Drogenberater, Ärzte und Juristen. S. 188.

[47] Ebd.

[48] Nitschke (1994): »Erläuterungen zum Drogenstrafrecht«, in Harm (Hrsg.) Mein Kind nimmt Drogen : Informationen und Beratung für Eltern. S. 141.

[49] Ausführlich über die Möglichkeiten des Konsums ohne strafbare Handlungen zu begehen berichtet, unter Bezug auf diverse Gerichtsurteile: Körner (2001): Betäubungsmittelgesetz, Arzneimittelgesetz. S. 549 f.

4.2.2 Entwicklungen in der deutschen Drogenpolitik seit den 1990er Jahren:

Während, vor allem im Bereich der Drogenproduktion, des Drogenhandels und der organisierten Drogenkriminalität, nach wie vor eine Drogenpolitik im Sinne von *„more of the same"*[50] stattfindet, kann vor allem auf der Ebene der Verfolgung von Konsumhandlungen seit ca. 10 Jahren ein, wenn auch langsamer und zum Teil widersprüchlicher[51], Trend hin zur Entkriminalisierung gesehen werden.

4.2.2.1 Der „Nationale Rauschgiftbekämpfungsplan":

Mit dem „Nationalen Rauschgiftbekämpfungsplan", der 1990, unter der Regierung von Helmut Kohl, von der US-amerikanischen „National Drug Control Strategy" *„abgekupfert"*[52] wurde, kam es zum massiven Ausbau des Verfolgungsapparates. So wurde die Rauschgift-Abteilung des BKA um 400 auf 800 Beamte verdoppelt, und es entstand ein *„geheimdienstähnliches Heer"*, das, so Böllinger et al., mit Undercover-Agenten, Agents-Provocateurs, V-Leuten und dem 'großen Lauschangriff', nicht nur die Szene, sondern auch den

---

[50] Z.B. bei Quensel et al. (1995): Zur Cannabis-Situation in der Bundesrepublik Deutschland. S. 22.
Unter „more of the same" wird allgemein die politisch konservative Vorgehensweise verstanden, einem vermeintlichen Problem, dem man bisher nicht Herr werden konnte, mit einer Verstärkung der gleichen Mittel, welche bisher ihren Zweck nicht erfüllt haben, zu begegnen. In der Drogenpolitik bezieht sich dies auf die konservative Überzeugung, dass noch mehr Verbote und Restriktionen eine Lösung im vermeintlichen „Drogenproblem" bringen, obwohl ja gerade die schon bestehende Verbotspolitik versagt hat. In diesem Sinne ist der Gebrauch dieser Bezeichnung auch immer mit einer Kritik an der gegenwärtig vorherrschenden Politik verbunden.

[51] Man denke nur an das Verbot von 1998, Hanfsamen, die zum unerlaubten Anbau bestimmt sind, zu verkaufen, was wiederum vor allem diejenigen trifft, die den Hanf für ihren Eigenbedarf anbauen. Das Verbot war sicherlich eine staatliche Reaktion auf den expandierenden Markt mit Konsum- und Anbauzubehör in sog. Headshops. Auch die Samen THC-reicher Sorten durften bis zum Verbot gehandelt werden, allerdings war deren Nutzung, sprich das Aussähen und Anbauen, ohnehin schon verboten. Der landwirtschaftliche Anbau von Nutzhanf ist hingegen möglich, unterliegt aber einer Anzeigepflicht (§ 24a BtMG).

[52] Schmidt-Semisch (1992), S. 9.

Rechtsstaat unterwanderte.[53] Das Ziel war hier, an die „Hintermänner" im Drogenhandel zu kommen und die „Drogenmafia" zu bekämpfen. Unbeachtet bleibt in dieser Art Drogenpolitik jedoch der Umstand, dass erst durch die Illegalität die Bedingungen für einen Schwarz-Markt entstehen und durch die intensive repressive Verfolgung ein illegales Netzwerk zum Schutze des Handels notwendig wird.[54]

4.2.2.2 Auswirkungen der Entwicklung zur Akzeptanzorientierung in der Drogenhilfe:

Im Bereich des Drogenkonsums neigt die gegenwärtige Drogenpolitik eher dazu, eine Pathologisierung vorzunehmen. Drogenkonsumenten, vor allem die der so genannten harten Drogen, werden, unabhängig von der Möglichkeit des kontrollierten Konsums, in der Regel als krank und behandlungsbedürftig definiert. Daher sollen die Betroffenen demnach auch eher therapiert als bestraft werden, um von der vermeintlichen Drogensucht-Krankheit geheilt zu werden. Diese Ansicht verfolgt das noch immer gültige Abstinenzparadigma[55], die Illusion einer drogenfreien Gesellschaft. Jedoch gibt es zusehends die Bereitschaft, wenn schon keine Ausrottung des Drogenkonsums möglich ist, zumindest die individuellen, negativen Auswirkungen zu verringern. Daher kam es zunehmend zum Aufbau von Einrichtungen der akzeptanzorientierten, Schaden minimierenden Drogenhilfe[56], welche mit Methadonabgabe, Spritzen-

---

[53] Böllinger et al. (1995), S. 33; S. 77.

[54] Hierzu auch im Kapitel zur Kontraproduktivität: Kapitel 6.2.2.6.

[55] Abstinenz gilt hier als der zu erreichende Königsweg und die Erreichung einer drogen-freien Gesellschaft als Ziel. Der Konsum illegaler Drogen wird generell abgelehnt und Drogenkonsumenten gelten strikt als Kranke, die geheilt werden müssen. Daher wird eine akzeptanzorientierte, auf Schadensminimierung ausgelegte Drogenhilfe in diesem Sinne auch oft als „Kapitulation vor der Droge bzw. Sucht" diskreditiert.

[56] Das Konzept der Schadensminimierung beruft sich darauf, dass sowohl die Gesundheits-risiken, die Verfalls- und Verwahrlosungserscheinungen, als auch die Beschaffungs-kriminalität bei Drogenkonsumenten (vor allem bei Abhängigen sog. harter Drogen) (f.)

tausch und neuerdings mit Drogenkonsumräumen, nicht gegen die Abhängigkeit von Heroin, aber immerhin gegen die Gesundheitsgefährdung und Verelendung der Konsumenten arbeiten wollen („harm reduction"). Im Schatten dieser Entwicklung in Richtung einer eher akzeptanzorientierten Drogenpolitik, steht auch der Cannabiskonsum. Zum einen tritt er in der öffentlichen Betrachtung, gerade aufgrund der auffälligen Verelendung der Heroinkonsumenten, in den Hintergrund. Zum anderen steigt durch die Öffentlichkeitsarbeit der Akzeptanz-Protagonisten auch die allgemeine Akzeptanz in Bezug auf den weitestgehend unproblematisch erscheinenden Gebrauch von Cannabis. Rechtspolitisch äußerte sich dies durch Änderungen im Betäubungsmittelrecht und in der Rechtsprechung.

4.2.2.3 Opportunitätsklauseln:

Die hohe Anzahl von Konsumdelikten, d.h. Gesetzesverstöße, die in direktem Zusammenhang mit dem Konsum stehen, wie z.B. Anbau, Besitz und Handel von geringen Mengen zum Eigenbedarf, hatte eine starke Belastung der Staatsanwaltschaften zur Folge. Um eine Entlastung der Staatsanwaltschaften von suchtbedingter Kleinkriminalität und somit eine Konzentration auf die Verfolgung des professionellen Drogenhandels zu ermöglichen, wurde 1992 der o.g. § 31a in das Betäubungsmittelgesetz eingefügt.[57] Er nahm die Stelle eines Spezialgesetzes gegenüber den §§ 153 ff. Strafprozessordnung (StPO) bzw. § 45 Jugendgerichtsgesetz (JGG) ein, welche vorher häufig bei Bagatelldelikten, auch im Betäubungsmittel-Bereich, Anwendung fanden.[58] Der § 31a BtMG kann auch als Einleitung von Schritten einer „*Reform der zur Zeit überwiegend repressiven*

---

nicht substanzimmanent, sondern vielmehr milieubedingte Folgeerscheinungen der Kriminalisierung sind. Ziel ist es hier, diese Folgeerscheinungen möglichst zu minimieren.
[57] Vgl. hierzu: Böllinger et al. (1995), S. 222 f.
[58] Ebd.

Gesetzgebung zum Betäubungsmittelmißbrauch durch Rücknahme der Strafverfolgung von abhängigen Konsumenten" gelten[59], die sich auch auf die rechtliche Bewertung des Konsums von Cannabis auswirkte.

4.2.2.4 Verfassungsrechtliche Überprüfung der Betäubungsmittelgesetzgebung: Verfassungsbeschwerde[60]:

Anfang der 1990er Jahre kam es in den deutschen Gerichten vermehrt zu Bedenken, ob eine Verurteilung aufgrund von minimalen Cannabisdelikten überhaupt in Übereinstimmung mit dem Grundgesetz steht. Der folgende Fall des Lübecker Landgerichtes hat besonders für Aufmerksamkeit gesorgt, da dieses ein verfassungsrechtlich gestütztes „Recht auf Rausch" formulierte und öffentlich dafür eintrat. 1991 sah sich das LG Lübeck nicht in der Lage, eine Tat wegen der bloßen Ermöglichung von Eigenkonsum (Weitergabe von 1,12 Gramm Haschisch) zu verurteilen. Es sah hierin einen Verstoß gegen das Grundgesetz, da es einer Person im Rahmen des Rechts auf eine freie Selbstentfaltung[61] freigestellt sei, mit welchen Mitteln sie sich berausche (Recht auf Rausch), insbesondere, da bei der Tat keine Rechte Anderer verletzt oder gegen das Sittengesetz verstoßen würde. Zudem sei die Bestrafung, wegen des Verstoßes gegen den Grundsatz der Verhältnismäßigkeit, verfassungswidrig, da auch bereits der Besitz und die Weitergabe geringer Mengen zum relativ unschädlichen Eigenkonsum unter Strafandrohung stehen. Weiterhin sah das Gericht auch das Willkürverbot[62] und das Recht auf körperliche Unversehrtheit[63]

---

[59] Bundestags-Drucksachen: 12/934, S. 1, zitiert nach BVerfG (1994): »Beschluss des 2. Senats vom 9. März 1994«, in Rippchen, Ronald (Hrsg.): Das Haschisch-Urteil des Bundesverfassungsgerichtes vom 9.3.94. S. 71.

[60] BVerfG (1994), S. 14 ff.; Gebhardt (1998): »§ 9. Drogenpolitik«, in Kreuzer (Hrsg.): Handbuch des Betäubungsmittelstrafrechts. S. 621 f.

[61] Grundgesetz Art. 2 Abs. 1.

[62] Grundgesetz Art. 3 Abs. 1 (Gleichheitssatz).

[63] Grundgesetz Art. 2 Abs. 2 , Satz 1.

verletzt, da die gefährlichere Droge Alkohol im Gegensatz zu Cannabis keinem Verbot unterliege und der Bürger somit, um seinem Recht auf Rausch nachzugehen, zu einer höheren gesundheitlicheren Gefahr gedrängt werde.

Beschluss des Bundesverfassungsgerichtes von 1994:

Nach der Beschwerde des LG Lübeck, in Verbindung mit weiteren Ausgangsentscheidungen anderer Gerichte, hat das Bundesverfassungsgericht (BVerfG) 1994 das Betäubungsmittelgesetz auf seine Verhältnismäßigkeit geprüft und als verfassungskonform anerkannt. Es erklärte, dass das Sich-berauschen aufgrund seiner vielfältigen Aus- und Wechselwirkungen nicht dem absolut geschützten Kernbereich der persönlichen Lebensführung zuzurechnen sei. Zudem wies das Bundesverfassungsgericht darauf hin, dass für die allgemeine Handlungsfreiheit die Schranken des Artikels 2 Abs. 1 GG[64] gelten.

„Ein 'Recht auf Rausch', das diesen Beschränkungen entzogen wäre, gibt es nicht. "[65]

Das Recht auf körperliche Unversehrtheit sieht das Gericht nicht verletzt, da niemand zum Konsum von z.B. Alkohol gezwungen werde und auch gegen den Gleichheitssatz (Willkürverbot) würde die unterschiedliche Behandlung von Cannabis gegenüber Alkohol respektive Nikotin nicht verstoßen.[66] Das Bundesverfassungsgericht lehnte letztlich die Klage ab und wies, zur Vermeidung einer übermäßigen und daher letztlich verfassungswidrigen hohen Strafe, welche es durchaus in Bezug auf Cannabisdelikte für denkbar hält[67], auf

---

[64] Kein Verstoß gegen die Rechte Anderer, gegen die verfassungsmäßige Ordnung oder gegen das Sittengesetz (Auch Schrankentrias genannt).
[65] Zum Recht auf Rausch: BVerfG (1994), S. 41.
[66] BVerfG (1994), S. 72 f.
[67] BVerfG (1994), S. 58 f. *„Die Gefährdung der geschützten Gemeinschaftsgüter kann ... ein so geringes Maß erreichen, dass die generalpräventiven Gesichtspunkte, die die generelle Androhung von Kriminalstrafe rechtfertigen, an Gewicht verlieren. Die Strafe könnte (f.)*

die bereits bestehenden rechtlichen Möglichkeiten, wie das Absehen von Verfolgung, hin. Es betonte zudem, dass bei Verstößen gegen das Betäubungsmittelgesetz, die sich auf den Erwerb oder den Besitz von kleinen Mengen von Cannabisprodukten zum Eigenverbrauch ohne Fremdgefährdung beschränken, in aller Regel die individuelle Schuld und das öffentliche Interesse an der Bestrafung der Täter gering ist, weshalb insbesondere die Staatsanwaltschaften, im Rahmen des Übermaßverbotes, nach § 31a BtMG von einer Verfolgung abzusehen haben.[68] Letztlich hat der Beschluss keine rechtlichen Auswirkungen auf das Verbot gehabt, sondern nur deutlich auf die gesetzlichen Möglichkeit des Absehens von Verfolgung hingewiesen und die Bundesländer dazu aufgefordert, ihre Einstellungspraxis, besonders bei der Bemessung der geringen Menge, zu vereinheitlichen.

Verständnis und Auswirkungen des Beschlusses des Verfassungsgerichtes:

Der Beschluss hat derzeit für einiges Aufsehen gesorgt. Obwohl er letztlich nur den rechtlichen Status quo aufgezeigt und die Verfassungsklage abgewiesen hat, wirkt er doch steuernd auf die Rechtssprechung ein, indem er deutlich auf die zumeist geringe Schuld und das damit zusammenhängende fehlende öffentliche Interesse an der Strafverfolgung bei Vergehen gegen das Cannabisverbot hinweist, was wiederum im Einzelfall zur Einstellung des Verfahrens führen kann. Quensel et al. sprechen in diesem Zusammenhang allerdings von einem „Springtanz", bei dem die Drogenpolitik einen Schritt vor und zwei zurück macht, und führen beispielsweise an, dass der Beschluss des Bundesverfassungsgerichtes zunächst zwar die Gefährlichkeit von Cannabis herunterstuft, allerdings dennoch die Gestaltung des sozialen Zusammenlebens

---

dann im Hinblick auf die Freiheitsrechte ... eine übermäßige und deshalb verfassungswidrige Sanktion darstellen. "
[68] BVerfG (1994), S. 64 f.

vor Störungen durch den Umgang mit Cannabis schützen will. Somit halte das Gericht an der Strafbarkeit fest, würde aber wiederum im Gegenzug den § 31a BtMG zu einer großen Norm erheben.[69]

Das Bundesverfassungsgericht hat aber auch nicht explizit die Möglichkeit einer Legalisierung ausgeschlossen und die Entscheidung dem Gesetzgeber zugesprochen, welchen Weg dieser einschlägt, um die Zahl der Konsumenten zu verringern.[70] Der Beschluss verweist darauf, dass der *„Gesetzgeber die Auswirkungen des geltenden Rechts unter Einschluß der Erfahrungen des Auslandes zu beobachten und zu überprüfen"* habe, wobei einzuschätzen sei, *„inwieweit die Freigabe von Cannabis zu einer Trennung der Drogenmärkte[71]] führen und damit zur Eindämmung des Betäubungsmittelkonsums insgesamt beitragen kann"*, oder ob weiterhin die *„strafbewehrte Gegenwehr"* mehr Erfolg verspricht.[72] Somit wird hier die Möglichkeit einer anderen Verfolgung der Ziele[73], im Sinne einer, wie auch immer gearteten, Liberalisierung von Cannabis, impliziert.

Auch die Negierung eines Rechts auf Rausch wird von kritischen Interpreten relativiert. So wird nach Nestler „Rausch" nur mit Kontrollverlust und nicht mit der vollen Bandbreite möglicher individueller Wirkungen verbunden, sodass das Recht auf Rausch anstößig erscheint.[74] Der Autor sieht daher in der Postulierung eines Rechts auf Rausch auch einen problematischen *„Einstieg in die Diskussion eines Rechtes auf Einnahme von BtM"*[75], der eine Abwehrhaltung provoziert.

---

[69] Quensel et al. (1996): »Auf der Suche nach einem Problem: Zur aktuellen Cannabissituation in der BRD«, in Neumeyer (Hrsg.) Cannabis. S. 92.
[70] BVerfG (1994), S. 56.
[71] Zur Trennung der Märkte: s.a. Kapitel 6.2.2.6.
[72] BVerfG (1994), S. 71.
[73] Verringerung vor allem des problematischen Drogenkonsums und eventueller krimineller Folgen.
[74] Nestler (1998): »§ 11. Grundlagen und Kritik des Betäubungsmittelstrafrechts«, in Kreuzer (Hrsg.): Handbuch des Betäubungsmittelstrafrechts. S. 723.
[75] Ebd.

Nestler spricht daher auch von einem „Recht auf Konsum"[76], welches über das Prinzip der Straflosigkeit der Selbstschädigung gerechtfertigt wäre, zumal der Konsum psychotroper Substanzen nur eine Selbstgefährdung darstelle, da eine Selbstschädigung oder -tötung nicht oder nur selten Ziel des Konsums sei[77]. Insofern sei der Schutz der Konsumenten vor der Gefährdung eigener Rechte verfassungswidrig.[78] Auch die Begründung der mit Strafe bedrohten Umgangs-verbote, mit einer Gefahr für die Volksgesundheit und somit möglicherweise tangierten Rechten Dritter, stellt er als illegitime Vorverlegung des Strafrechts dar.[79] Der Richter Wolfgang Neskovic vom Landgericht Lübeck (inzwischen zum Richter am Bundesgerichtshof ernannt) geht sogar noch weiter und interpretiert den Beschluss des Bundesverfassungsgerichtes insofern, als dass dieses ein Recht auf Rausch sogar „bejaht".[80] Allerdings könne das Recht durch die Schrankentrias aus Artikel 2 Abs. 1 GG eingeschränkt werden.

In der Folgezeit kam es zu Vorschlägen zur Liberalisierung des Umgangs mit dem Cannabiskonsum. 1995 sprach sich die Landesministerin für Arbeit, Soziales, Gesundheit und Arbeit Heide Moser (SPD) dafür aus, Cannabis in Coffee-Shops nach niederländischem Modell abzugeben. Die Ministerin wollte anstelle der Prohibition, welche die Kontrolle über die Drogen erst unmöglich

---

[76] Nestler (1998), S. 724.
[77] Nestler (1998), S. 727. Der Autor bezieht sich hier allgemein auf alle Betäubungsmittel.
[78] Nestler (1998), S. 738.
[79] Nestler (1998), S. 802.
   Nestler bemerkt in diesem Zusammenhang, dass der Rechtsgutbegriff über seine Ausweitung im Zusammenhang mit dem BtMG („Schutz vor sozialschädlichen Auswirkungen", „ein von BtM nicht getrübtes soziales Zusammenleben") „konturlos" würde: „Prinzipiell jedes Verhalten, das irgendwie sozialschädlich ist, kann, wenn das gesellschaftliche Gemeinwohl zum Rechtsgut erhoben wird, theoretisch auch zum Gegenstand strafrechtlicher Verbote werden." Er kritisiert, dass das Strafrecht hier „nicht als ultima ratio verstanden, sondern mit jeglicher anderen Regulierung ... auf eine Stufe gestellt" wird. Nestler (1998), S. 790.
[80] Neskovic (1995): »Das Recht auf Rausch – vom Elend der Drogenpolitik«, in Cosack (Hrsg.); Wenzel (Hrsg.): Das Hanf-Tagebuch. Neue Beiträge zur Diskussion über Hanf, Cannabis, Marihuana. S. 143.

macht, eine gut kontrollierte Legalisierung, einführen.[81] Eine Erweiterung hierzu war die Überlegung, Cannabis über Apotheken zugänglich zu machen.[82] Eine andere Initiative kam von der hessischen Landesregierung. Sie setzte sich für eine staatlich kontrollierte Abgabe von Cannabis in staatlichen „Drug-Shops" ein.[83] Beide Initiativen scheiterten allerdings, da sie weder eine Gesetzesänderung durchsetzen konnten, bzw. ihre Ziele ohne eine Änderung der Betäubungsmittelgesetzgebung an der staatlichen Pflicht zur Verfolgung von Straftaten (Legalitätsprinzip) scheiterten und somit nicht realisierbar waren.

Widerstand gegen die Liberalisierungsinitiativen leisteten vor allem die südlichen Bundesländer, die sich weiterhin für eine strikte Strafverfolgung einsetzten, wodurch es letztlich zwischen den Bundesländern auch nie zu der geforderten Einigung bezüglich der Einstellungspraxis und der Bemessung der geringen Menge von Cannabis kam.

---

[81] Scheerer (1996): Coffeshops in Deutschland?, in Neumeyer (Hrsg.): Cannabis. S. 160.

[82] Zum Modell aus Schleswig-Holstein: Scheerer (1996), 160-175; Schmidt-Semisch (2000): »Cannabis – Legalisierungsmodelle«, in Schneider et al. (Hrsg.): Cannabis – eine Pflanze mit vielen Facetten –. S. 98 f.

[83] Körner (2001), S. 13.

4.2.2.5 Sanktionsformen außerhalb des Strafrechtes:

Neben den strafrechtlichen Sanktionsformen haben sich im Laufe der Zeit weitere formelle und informelle Sanktionssysteme entwickelt, welche die Cannabiskonsumenten mehr oder weniger öffentlich stigmatisieren und durch Sanktionen negative soziale Konsequenzen schaffen. So scheint der Cannabiskonsum, vor allem seit der Einführung des § 31a BtMG und dem Beschluss des Bundesverfassungsgerichtes, insbesondere mittels der Verkehrspolitik vermehrt sanktioniert zu werden. Hier wird die Fahrtauglichkeit von Cannabiskonsumenten, nicht nur bei aktuellem Konsum bzw. akuter Beeinflussung durch Cannabis, angezweifelt, sondern auch dann, wenn der Konsum nicht in unmittelbarem Zusammenhang mit dem Verkehr geschieht. Die zumeist durch die Polizei bekannt gewordenen Cannabiskonsumenten müssen sich oftmals einer Medizinisch Psychologischen Untersuchung (MPU) unterziehen, um ihre Fahrtauglichkeit unter Beweis zu stellen.[84] Somit wurde unter dem Deckmantel der Verkehrssicherheit, quasi über eine Hintertür, ein neues Sanktionsmittel gegen den Cannabiskonsum eingeführt.[85] Neumeyer zitiert in diesem Sinne Christiane Eisele, die aus ihrer Beratung von Bürgern, die mit dem Betäubungsmittelgesetz in Konflikt geratenen sind, berichtet, dass *„mit einer gewissen Liberalisierung des Strafrechts eine ungeheure Häufung von Führerscheinsachen einhergeht".*[86] Dies vermag einerseits auf eine relative Unbesonnenheit der Cannabiskonsumenten im Hinblick auf ihre Konsumgewohnheiten hindeuten, andererseits kann es aber auch auf bestimmte Änderungen im Verkehrsrecht zurückgeführt werden. Insbesondere ist hier der

---

[84] Zu den Sanktionen innerhalb der Verkehrspolitik: Schneider (2000 a), S. 181 ff.
[85] Neumeyer; INDRO (Hrsg.) (2000): Drogenpolitik im Straßenverkehr. S. 58 f. Neumeyer spricht hier auch von der „Rauschgiftbekämpfung im Straßenverkehr" und führt kriminalpolitische Positionen an, die sich für den Nutzen des Fahrerlaubnisentzuges aussprechen, um durch eine Reduktion der Mobilität den Aktionsradius von Drogenstraftätern zu verringern.
[86] Neumeyer (2000), S. 62.

1998 geänderte § 24a Straßenverkehrsgesetz (StVG) zu nennen, welcher das Führen eines Fahrzeuges unter der Wirkung von z.b. Cannabis als ordnungswidrig einstuft, wobei als Wirkung schon die Nachweisbarkeit der Substanz im Blut gilt. Da die (unwirksamen) Stoffwechselprodukte von Cannabis noch lange nachweisbar sind, kann hierüber, auch ohne akute Cannabiseinwirkung, ein Zusammenhang zum Verkehr konstruiert werden, was zu Sanktionen (Führerscheinentzug), oder aber zumindest zu Aufklärungs-maßnahmen (z.b. durch eine MPU) führen kann.[87]

Das Bundesverfassungsgericht hat allerdings am 20.06.2002[88] die Möglichkeit Drogentests anzuordnen auf Fälle mit hinreichendem Tatverdacht begeschränkt. So hat es zurückgewiesen, dass das bloße mit sich Führen von Cannabis im Fahrzeug als hinreichender Verdacht für eine Fahruntauglichkeit ausreicht und die Anordnung eines Drogentests legitimiert. Das Gericht gab somit dem Kläger Recht, welchem der Führerschein entzogen wurde, da er einer Anordnung zum Urintest nicht nachkam. Dieser war zuvor mit 5 Gramm Cannabis im Auto aufgegriffen worden, allerdings ohne hinreichende Verdachtsmomente für einen akuten Drogeneinfluss zu liefern. Hätte er allerdings den Test gemacht und wäre ein vergangener Konsum nachgewiesen worden, so wäre ihm wahrscheinlich der Führerschein entzogen geblieben.

---

[87] Hierzu gibt es inzwischen verschiedene Abstufungen nach Konsummustern: So rechtfertigt der einmalige Cannabiskonsum (Probierkonsum), ohne direkten Zusammenhang mit dem Verkehr, noch keine Anordnung einer MPU (Beschluss BVerfG vom 24. 06. 1993; in Neumeyer 2000, S. 63). Weitere Abstufungen sind: der gelegentliche, der gewohnheitsmäßige und der abhängige Cannabiskonsum. Interessant ist auch, dass ein Probierkonsum in Verbindung mit einer Cannabisration, die im Auto transportiert wird, für die Annahme ausreicht, der Betreffende habe kein ausreichendes Trennungsvermögen zwischen Konsum und Verkehrsteilnahme, was wiederum Aufklärungsmaßnahmen (z.b. durch eine MPU) rechtfertigt (Körner 2001, S. 1675 ff.).

[88] BVerfG (2002): »Beschluss vom 20.06.2002«, 1 BvR 2062/96

Mit Blick auf den Umgang mit Alkohol stellt sich in diesem Zusammenhang wiederum eine Doppelmoral heraus: Während mit Cannabiskonsum prinzipiell eine Fahruntauglichkeit assoziiert wird, findet der regelmäßige Alkoholkonsum, sofern er ohne Verbindung zum Straßenverkehr stattfindet, keine verkehrsrechtliche Beachtung.

Andere Arten der außerstrafrechtlichen Sanktion können vor allem in Lebensbereichen gesehen werden, in denen Leistung vom Individuum abverlangt wird, wie z.B. im Sport oder im Beruf:

Im Sport gilt Cannabis, obwohl dies nicht dem Wirkmuster entspricht, als Dopingmittel. Ein Verstoß gegen das Dopingverbot führt zur Disqualifizierung vom Wettkampf oder Sperrung des Sportlers. So wurde beispielsweise dem Snowboarder Ross Bagliati 1998 bei den Olympischen Winterspielen vorübergehend die Goldmedaille aberkannt, da sich im Nachhinein seine Urinprobe als THC-positiv herausstellte.[89] Das Internationale Olympische Komitee hat THC als eingeschränkt verboten kategorisiert. Das Ziel ist hier jedoch weniger in einer Vermeidung der künstlichen Leistungssteigerung zu sehen, die THC ohnehin nicht bewirken kann. Vielmehr sollen allgemein illegale Substanzen vom Sport fern gehalten werden. Zudem wird davon ausgegangen, dass Cannabis konsumierende Sportler keine guten Vorbilder sind.[90] Ein weiteres bekanntes Beispiel aus dem Sport stellt der ehemalige BVB Fußballspieler Ibrahim Tanko dar, der nach erwiesenem Cannabiskonsum vom Sportgericht des Deutschen-Fußballbundes wegen Doping für vier Monate gesperrt wurde.

---

[89] Grotenhermen (2002): »Doping: Marihuana und Olympia«, in Hanf!. 02/2002, 27-29.
[90] Ebd.

Im Berufsleben werden zum Teil, im Rahmen von Einstellungs-untersuchungen, Urinproben verlangt. Wird bei einem Bewerber Cannabis nachgewiesen, kann dies zur Nichteinstellung führen. Ferner kann es auch im sozialen Umfeld, durch eine informelle soziale Kontrolle, zu Sanktionen kommen, die z.B. zur Diskreditierung und Ausstoßung aus alltäglichen sozialen Bezügen führen können.

5. Kapitel: Cannabiskonsum – ein soziales Problem?

Bisher wurde gezeigt, wie sich im Laufe der Jahre die gesellschaftliche Wahrnehmung, Bewertung und Regulierung von Cannabis und Cannabiskonsum entwickelt hat. Es kam über die Ächtung von Cannabis zu rechtlich-prohibitiven Verhärtungen, aber auch wieder über kritische juristische Auslegungen, welche die Sinnhaftigkeit und Rechtmäßigkeit des Verbots anzweifelten, zu tendenziellen Lockerungen der Repression, worauf sich aber wiederum anderweitige Sanktionsformen gegen den, längst zum Massenphänomen gewordenen, Cannabiskonsum entwickelten. Der Gebrauch von Cannabis scheint also, eine eigenartige, zwiespältige Aufmerksamkeit zu erzeugen, die näher untersucht werden soll.

Der Konsum illegaler Drogen allgemein und somit auch der Gebrauch von Cannabis werden oft als soziales Problem dargestellt. Im Folgenden soll zunächst ein Zugang zum Begriff „soziales Problem" geschaffen werden, welcher auch die theoretische Diskussion der Soziologie sozialer Probleme darstellt. Hierauf soll die Einordnung „Cannabiskonsum als soziales Problem" zunächst nachvollzogen und schließlich der Frage nachgegangen werden, ob Cannabiskonsum auch gegenwärtig tatsächlich noch als soziales Problem definiert werden kann.

5.1 „Soziales Problem" als soziales Konstrukt:

Der Begriff „soziales Problem" scheint, zunächst in der Manier von Alltagsbegriffen, die verschiedensten Bedeutungszusammenhänge zu erfassen. So kann man sicherlich im Alltagsverständnis alles, was einem persönlich im sozialen Umfeld problematisch erscheint, als soziales Problem benennen.

Allerdings ist hier mit Mill[1] wohl eher von *„privat trouble"* zu reden. Den Unterschied zu *„public issues"* sieht Mill im Fehlen der öffentlichen Zuständigkeit, die für die Konstitution eines sozialen Problems entscheidend ist und somit eine öffentliche Problematisierung erschwert oder verhindert. Weiterhin wurde der Begriff „soziales Problem" bis in die 1960er Jahre als *„Sammelbegriff"*[2] für gesellschaftliche Störfaktoren genutzt.

In Anlehnung an Scheerer[3] kann bei der Entstehung von sozialen Problemen eine zunächst plausibeler erscheinende *„Entwicklungsperspektive"* oder aber eine sich an Definitionsprozessen orientierende *„Konstitutionsperspektive"* gesehen werden.

Bei der objektivistisch orientierten Entwicklungsperspektive entsteht ein soziales Problem dadurch, dass sich bestimmte, zu einer Verschärfung des Sachverhaltes führende, Ausgangslagen ausweiten, oder sich eine bestimmte soziale Lage ausdehnt und so den aktuellen Zustand verschärft. Hier entsteht das Problem *„reflexhaft"*[4] durch die Entwicklung bzw. die Verschärfung der sozialen Lage. Beispielsweise kann in diesem Sinne eine erhöhte Verfügbarkeit von Drogen zu einer Zunahme des Konsums oder des Missbrauchs führen, wodurch ein Einschreiten des Staates notwendig erscheint. Diese objektivistische Orientierung[5] war auch bis in die 1970er Jahre in der Soziologie eine gängige Erklärungsweise für soziale Probleme. So wurden diese als *„objektive*

---

[1] Zu den Ausführungen von Mill (1959): Grönemeyer (1999): »Soziale Probleme, soziologische Theorien und moderne Gesellschaften«, in Albrecht et al. (Hrsg.): Handbuch soziale Probleme. S. 20.

[2] Stallberg (Hrsg.); Springer (Hrsg.) (1983): Soziale Probleme : Grundlegende Beiträge zu ihrer Theorie und Analyse. S. 7.

[3] Scheerer (1993), 78-97.

[4] Scheerer (1993), S. 81.

[5] Z.B. von Merton vertreten.

Diskrepanz zwischen gesellschaftlichen Wertvorstellungen und den realen Lebensbedingungen sozialer Gruppen"[6] interpretiert.

Die Konstitutionsperspektive hingegen orientiert sich vor allem an der Thematisierung einer sozialen Lage. Die Thematisierung wird von Akteuren eingesetzt, um auf eine Situation aufmerksam zu machen, wodurch diese gezielt problematisiert und letztlich als soziales Problem definiert wird.

Geht die Entwicklungsperspektive direkt von einer Veränderung bzw. Verschärfung der objektiven sozialen Ausgangslage aus, so ist dies bei der Konstitutionsperspektive nicht erforderlich. Vielmehr steht bei der Konstitutionsperspektive die Thematisierungs- und Definitionsleistung in Bezug auf eine soziale Situation im Vordergrund, welche nicht unmittelbar an deren Veränderung gekoppelt ist.

Die von objektiven sozialen Lagen ausgehende Sichtweise fand ihre Kritik darin, dass nicht alle möglichen Mängellagen gleichermaßen als soziales Problem gesehen werden, bzw. ein Sachverhalt, der heute als soziales Problem angesehen wird, nicht automatisch immer ein solches bleiben wird (z.B. Homosexualität).[7]

In diesem Sinne formulierte Herbert Blumer seine Thesen:

„1. Die Identifizierung sozialer Probleme durch die Soziologie ist von ihrer öffentlichen Bestimmung abgeleitet und nicht umgekehrt.

2. Nicht objektive soziale Bedingungen, sondern gesellschaftliche Definitionen bestimmen, ob ein soziales Problem existiert oder nicht.

3. Soziale Probleme stehen regelmäßig im Zentrum konfligierender Interessen und sind deshalb Gegenstand sozialer Aushandlungsprozesse."[8]

---

[6] Schetsche (2000): Wissenssoziologie sozialer Probleme. S. 17. Vgl. auch die Definition von Merton in Stallberg; Springer (1983), S. 12.
[7] Vgl. Schetsche, (2000), S. 18, aber auch Stallberg; Springer (1983), S. 13.
[8] Blumer (1971), zitiert nach Schetsche (2000), S. 17.

Durch die Kritik an der objektivistischen Erklärung sozialer Probleme, die keine sozialen Definitions- und Entwicklungsprozesse berücksichtigte und daher zu unflexibel erschien, setzte sich in der soziologischen Diskussion sozialer Probleme letztlich eine konstruktivistische Deutungsweise durch, welche der objektiven Ausgangslage nicht länger die wichtigste Position in der Bildung sozialer Probleme zugesteht. Der konstruktivistischen Schule folgend, werden meine weiteren Ausführungen und Analysen hierauf aufbauen.

In der soziologischen Literatur finden sich diverse konstruktivistische Definitionsansätze, die den Begriff „soziales Problem" beschreiben und eingrenzen wollen. Groenemeyer hat eine Liste von Varianten der Definitionen sozialer Probleme zusammengetragen, welche die Verschiedenartigkeit der Begriffsbestimmungen darstellt. In diesem Zusammenhang sollen hier exemplarisch vier Definitionen vorgestellt werden: [9]

So finden sich einerseits eher allgemeine Definitionen, wie z.B. von Spector und Kitsuse (1973):

> „Als soziale Probleme bezeichnen wir die Aktivitäten von Gruppen, die – ausgehend von unterstellten Gegebenheiten – Unzufriedenheit artikulieren und Ansprüche geltend machen."

oder von Schetsche (1996):

> „Ein soziales Problem ist ... alles was von kollektiven Akteuren, der Öffentlichkeit oder dem Wohlfahrtsstaat als solches angesehen und bezeichnet wird."

---

[9] Zitate von Spector/Kitsuse; Schetsche; Stallberg/Springer und Fuller/Myers zitiert nach Groenemeyer (1999), 16 f.

Andererseits finden sich auch detailliertere Definitionen, wie z.B. von Stallberg und Springer (1983):

> *„Soziale Probleme sind Phänomene, die 1) größere Gruppen von Gesellschaftsangehörigen (bis hin zur Gesamtbevölkerung) in ihrer Lebenssituation beeinträchtigen, 2) öffentlich als veränderungsbedürftig definiert und 3) zum Gegenstand spezieller Programme und Maßnahmen gemacht werden."*

oder von Fuller und Myers (1941):

> *„Ein soziales Problem ist ein Zustand, der von einer bedeutenden Zahl von Personen als Abweichung von für verbindlich gehaltenen Normen eingestuft wird. Jedes soziale Problem setzt sich also zusammen aus einem objektiven Zustand und einer subjektiven Definition. ... Der objektive Zustand ist notwendig, aber in sich nicht hinreichend zur Bestimmung eines sozialen Problems. Soziale Probleme sind solche Zustände, die von Personen als soziale Probleme identifiziert werden, und falls Zustände nicht von davon betroffenen Personen als soziale Probleme identifiziert werden, sind sie für diesen Personenkreis keine, obwohl sie Probleme für Außenstehende oder Wissenschaftler sein können."*

Aus den Definitionen können vor allem drei, das soziale Problem konstituierende, Ebenen herauskristallisiert werden[10]:

1. Zum einen bezieht sich die Schaffung sozialer Probleme auf bestimmte soziale Bedingungen und Strukturen, die als unerwünscht, gefährlich oder als Störung innerhalb der Gesellschaft verstanden werden können.

2. Sodann muss dieser Sachverhalt wahrgenommen und als veränderungsbedürftig in der Öffentlichkeit thematisiert werden. Es kommt so zu seiner Problematisierung, zur Konstruktion des sozialen Problems.

---

[10] Vgl. z.B. Groenemeyer (1999), S. 15; Schneider (2000a), S. 94.

3. Im Anschluss daran wird das soziale Problem zum Objekt für Maßnahmen zur Problemlösung. Dies kann einerseits durch Normänderungen geschehen, andererseits kommt es insbesondere auch zur Institutionalisierung, zur Einrichtung von Maßnahmen, Programmen oder bürokratischen und eingreifenden Einrichtungen, wodurch der Sachverhalt als soziales Problem legitimiert wird.

Wichtig erscheint es meines Erachtens, dass die bestehenden sozialen Bedingungen und Strukturen der ersten Ebene nicht gezwungenermaßen als unerwünscht, störend oder gefährlich analysiert werden müssen. Vielmehr bedarf dies der Aktion von agierenden Gruppen oder „Unternehmern", welche diese sozialen Bedingungen zunächst als negativ für die Gesellschaft deuten, und sie dann, übergehend in die zweite Ebene, benennen und öffentlich als intolerabel und veränderungsbedürftig thematisieren. So kommt es, unter Einbezug der Öffentlichkeit, durch Nutzung von Massenmedien, welche in der Regel nur allzu gern (angebliche) Missstände aufgreifen bzw. aufdecken, zu einem Definitionsprozess, der den Gegenstand zum sozialen Problem erhebt. Ein Verhalten oder eine soziale Lage erscheint somit nicht per se schon als soziales Problem, nur weil es sich als nicht ganz normkonform erweist. Vielmehr stellt sich die Tatsache, dass etwas als soziales Problem definiert wird, als soziale Konstruktion heraus.

Auf der dritten Ebene werden Institutionen gegründet, oder bestehende Einrichtungen um einen Aufgabenbereich erweitert, damit diese gegen das soziale Problem vorgehen können. Einerseits wird die Existenz des sozialen Problems durch die Einrichtungen legitimiert, andererseits erfahren diese auch eine Legitimation ihrer Tätigkeit, da sie der Gesellschaft den Dienst leisten, eine Lösung des Problems zu erreichen. Durch die Lösung und den Wegfall des

Problems würden sie jedoch ihre Legitimation einbüßen und sich selbst überflüssig machen, weshalb dies wohl kaum im wirklichen Interesse der Institution ist. Vielmehr wird ihr daran gelegen sein, das soziale Problem Aufrecht zu erhalten, zu erweitern oder sogar noch andere, in ihre Arbeit passende, soziale Probleme zu konstituieren, um ihren Einfluss und ihre Ressourcen zu sichern und zu erweitern, was wiederum Aktionen der Ebenen eins und zwei bedingt: Weitere bestehende soziale Bedingungen werden als gesellschaftlich unerwünscht, störend oder gefährlich analysiert, und in der Öffentlichkeit als veränderungsbedürftig thematisiert, womit wiederum neue Problematisierungen und Problemdefinitionen entstehen.

Nach Scheerer[11] wäre schon bereits die Meta-Thematisierung, d.h. das Thematisieren einer Problemdefinition, die somit möglicherweise selbst problematisiert wird, verunsichernd und demotivierend für die Institutionen der dritten Ebene. Schließlich würde dies zu einer Relativierung der als naturgegeben gewerteten Handlungsbasis und zum eventuellen Legitimationsverlust führen. Hieraus kann gesehen werden, dass es bei der Konstituierung sozialer Probleme nicht so sehr auf die soziale Ausgangssituation ankommt, sondern dass es vielmehr um Definitionsprozesse geht, die eine Sachlage zum sozialen Problem erheben. In Anlehnung an den Labeling Approach kann somit ein bestimmter Sachverhalt als sozial etikettiert gesehen werden. Er wird erst dadurch, dass er einen Problematisierungs- und Definitionsprozess durchläuft zu einem sozialen Problem. Durch den Problemkonstitutionsprozess ist die soziale Definition in der Lage, sich „*ihre eigene Realität*"[12] zu schaffen.

Um eine Problematisierung durchsetzen zu können, müssen die nötigen personellen wie materiellen Ressourcen und die Macht zur Thematisierung vorhanden sein. Ferner ist es bei der Problemdefinition einerseits zwar wichtig,

---

[11] Scheerer (1993), S. 80.
[12] Scheerer (1993), S. 82.

von der Lösbarkeit des mutmaßlichen Missstandes auszugehen. Andererseits muss die eigentliche Intention bei der Thematisierung eines Sachverhaltes als Problem nicht die tatsächliche Problemlösung darstellen. Es können auch ganz andere Interessen eine Rolle spielen, wie z.B. Machterhalt und -demonstration, Legitimation von Institutionen und deren Ausweitung.[13] Eine Kritik am konstruktivistischen Ansatz ist, dass er möglicherweise einen faktischen Handlungsbedarf vernachlässigt, indem er das soziale Problem nur als Produkt des Definitionsprozesses sieht (*„Ausklammerung der Problembasis und .. Leugnung des Handlungsdrucks"*[14]).

5.2   Cannabiskonsum als soziales Problem:

Nachdem nun der konstruktivistische Ansatz zum Konstituierungsprozess sozialer Probleme allgemein dargestellt wurde, soll nun das Phänomen Cannabiskonsum näher betrachtet werden. Hierbei wird der Frage nachgegangen, ob sich in Bezug auf Cannabiskonsum die Ebenen der Konstituierung zum sozialen Problem erkennen lassen und ob er somit über einen Definitionsprozess als soziales Problem etikettiert ist. Oben wurde dargestellt, dass bei der Thematisierung eines Sachverhaltes und der öffentlichen Diskreditierung so genannte moralische Unternehmer, quasi als Schirmherren für den Problematisierungsprozess, fungieren können. Sie verfügen in der Regel über einen gewissen öffentlichen Status, und daher über die nötige Definitionsmacht, sodass sie ihren Einfluss geltend machen können, um ihre Interessen öffentlichkeitswirksam und meinungssteuernd durchzusetzen.

---

[13] Zu diesen Ausführungen: vgl. z.B. Groenemeyer (1999), S. 21 ff.
[14] Stallberg; Springer, (1983), S. 14.

Im Hinblick auf die Entwicklung der Bewertung des Umgangs mit Cannabis können durchaus Merkmale des Konstituierungsprozesses von sozialen Problemen erkannt werden, sodass es sinnvoll erscheint, diesen Sachverhalt näher zu überprüfen:

1. Wie oben schon dargestellt, gab es Lobbyisten, die als moralische Unternehmer auftraten, wie z.B. der erwähnte US-Amerikaner Harry J. Anslinger. Die Tatsache, dass ein Teil der amerikanischen Bevölkerung Cannabis konsumierte, wurde von ihnen als durchaus unerwünschte Verhaltensweise angesehen (Ebene eins: Analyse bestimmter sozialer Bedingungen als unerwünscht).

2. Der Cannabiskonsum wurde hierauf in der Öffentlichkeit mit Hilfe der Massenmedien diskreditiert. Es begann ein moralisch gefärbter Kreuzzug gegen das vermeintliche Fehlverhalten. Der Konsum wurde als massives Problem für die Gesellschaft dargestellt und problematisiert, sodass aus der banalen Konsumhandlung ein inakzeptables und veränderungsbedürftiges soziales Problem konstruiert wurde. In dieser Problematisierung kann die zweite Ebene des Konstituierungsprozesses von sozialen Problemen gesehen werden.

3. In Bezug auf die dritte Ebene, die Ebene der Gegenmaßnahmen und Legitimation, kann man im Falle der Problemkonstituierung beim Cannabiskonsum beispielsweise auf das Marihuana-Steuergesetz (Marihuana Tax Act) verweisen, welches von Anslinger forciert wurde. Zudem konnte Anslinger eine neue Legitimation für seine Behörde erschließen, welche von nun an die Einhaltung der rechtlichen Auflagen überwachte. Durch die Internationalisierung der Drogenpolitik konnten weitere Institutionen, wie z.B. die UN-Drogenkommission, etabliert werden.

Nachdem hier alle Ebenen des Konstituierungsprozesses von sozialen Problemen erfüllt sind, kann man zunächst für die USA davon ausgehen, dass der Cannabiskonsum zu einem sozialen Problem erhoben wurde. Durch den internationalen Einfluss, den die Vereinigten Staaten von Amerika vor allem auf Westeuropa ausüben, kam es, wie oben schon in Bezug auf das Opiumgesetz von 1929 dargestellt, zur Transplantation des restriktiven Betäubungsmittelrechts nach Deutschland. Ebenso stellt die Internationalisierung der US-amerikanischen Drogenpolitik, insbesondere über die Single Convention von 1961, eine solche Transplantation dar. Die so genannte *„amerikanische Linie"*[15] setzte sich auch in Deutschland fort.

Das Cannabisverbot blieb allerdings, wie oben schon angesprochen, in der Bundesrepublik bis zum Ende der 1960er Jahre ein nur *„papierenes Gesetz"*[16] ohne Durchsetzung. Dies ist hauptsächlich auf zwei Faktoren zurückzuführen: Zum einen war der Cannabiskonsum bis in diese Zeit kein besonders häufiges Phänomen. Wurde er praktiziert, so war dies *„weitgehend eine Domäne einer relativ kleinen, privilegierten Gruppe"*[17]. Zum anderen gab es durch diese Unauffälligkeit kein öffentliches Interesse an seiner Verfolgung und daher keinen Anlass zur Thematisierung bzw. zum gesellschaftlichen Eingriff. Dies änderte sich schlagartig mit der Popularisierung des Cannabiskonsums in der Studenten- und Hippiebewegung. Cannabis wurde nun einerseits als Mittel zur Bewusstseinserweiterung und andererseits als nonkonformes Protestsymbol, als Zeichen des Widerstandes gegen die Hegemonialkultur und die elterlichen Werte, entdeckt und genutzt. Hiergegen, so Meudt[18], musste der Staat vorgehen, um den Status Quo der geltenden Herrschafts- und Gesellschaftsordnung

---

[15] Schneider (1995), S. 32.
[16] Quensel (1982), S. 47.
[17] Schneider (1995), S. 34. Der Autor zitiert hier auch Brömer et al. (1977), die in diesem Zusammenhang von Künstlern und Intellektuellen sprechen.
[18] Meudt (1979): Drogen und Öffentlichkeit. S. 127 ff.

aufrechtzuerhalten. Da ihm die ansonsten gewaltfreie Protestbewegung keine Angriffspunkte für offene repressive Maßnahmen bot, er aber trotzdem gegen die demonstrative alternative Lebensweise, welche den gesellschaftlichen Normen entgegenstand, vorgehen musste, konnte der Staat dem erklärten Feind nur mittels des illegalen Cannabiskonsums habhaft werden. Der Konflikt um den Cannabiskonsum hatte, nach Meudt, somit auf beiden Seiten eine symbolische Bedeutung erlangt. In Wirklichkeit ging es auf der einen Seite um den Ausdruck von Protest und die Demonstration eines alternativen Lebensstils, während die andere Seite die Gegenwehr des Staates zur Aufrechterhaltung des normativen Status Quo im Kampf gegen eine, die herrschenden Normen und Werte ablehnende, Subkultur darstellte.[19]

„Die Bedeutungsinhalte von `Rausch´ und `Protest´ lösten bei einem großen Teil der Bevölkerung Ängste aus und wurden als bedrohlicher Angriff auf die allgemeinverbindlichen Prinzipien in der modernen Industrie- und Leistungsgesellschaft interpretiert".[20]

Es kam also auch in der Bundesrepublik, über die Wahrnehmung des Cannabiskonsums als Angriff auf die allgemeinüblichen Normen und Werte, zur Thematisierung und letztlich zu dessen Problematisierung. Auch hier waren, ähnlich wie in den USA, die Medien (wie z.B. die Springerpresse) daran beteiligt, gegen Cannabis, mit Hilfe von ideologisch-moralisch gefärbten Meldungen, Stimmung zu machen, und so die öffentliche Meinung zu manipulieren. Hinzu kamen Stimmen aus der Wissenschaft, die mit dem Aufgreifen von Anslingers Einstiegstheorie oder der Flashback-Theorie gegen Cannabis argumentierten. Durch diese Zuschreibungen erfuhr der Konsum von Cannabis letztlich eine Bewertung als generell schlecht und gefährlich. Es kam

---

[19] Vgl. hierzu: Meudt (1979), S. 127 f. und Schneider (1995), S. 35 ff.
[20] Schneider (1995), S. 37.

zur Konstruktion von Mythen und Drogenlegenden.[21] Zudem entstanden Tabus, welche dazu führten, dass eine sachgerechte Diskussion und sinnvolle politische Handlungsalternativen verhindert wurden.[22] Der Cannabiskonsum durchlief somit auch in der Bundesrepublik einen Definitionsprozess, der ihn zum sozialen Problem erhob. In der Folge kam es dann zur Verabschiedung einer neuen Gesetzesnorm für den Umgang mit Betäubungsmitteln. 1972 trat das erste deutsche Betäubungsmittelgesetz (BtMG) in Kraft. Außerdem kam es in den 1970er Jahren zur Etablierung von Einrichtungen der Drogenhilfe und der staatlichen Drogenkontrolle, welche die Existenz des „Cannabisproblems" legitimierten. Durch den Anstieg der Heroinabhängigen in diesem Jahrzehnt, wurde Cannabis zudem noch verstärkt als Einstiegsdroge etikettiert und zusätzlich problematisiert, Cannabis stand somit erneut im Schatten der Opiate. Zwischen den beiden Drogen wurde ein Zusammenhang konstruiert, wodurch Cannabis in die Problematisierung des Heroinkonsums gezogen und so wiederum mitproblematisiert wurde.

---

[21] Z.B. Schneider (2000a).
Schmidt-Semisch (1992, S. 11 ff.) führt die folgenden Drogenmythen an:
- *„Drogen sind inhärent attraktiv und vermitteln dem Konsumenten angenehme Gefühle."* (verknüpft mit der Vorstellung einer verführenden und sofort süchtigmachenden Droge)
- *„Drogen enthemmen und führen zu Gewalt(kriminalität)."*
- *„Kontrollierter Gebrauch der verbotenen Drogen ist auf lange Sicht unmöglich."*
- *„Die drogenfreie Gesellschaft ist ein realistisches Ziel."*
- *„Der böse Dealer und das mächtige organisierte Verbrechen."*
- *„Der Drogenkonsument als unschuldiges Opfer."*
- *„Jugendliche sind in Drogendingen naiv."*
Weitere Mythen kann man erkennen in der teilweise noch immer existierenden These von Cannabis als süchtigmachende Einstiegsdroge und den diversen übertrieben dargestellten negativen gesundheitlichen Auswirkungen.

[22] Neskovic (2000): »Vom Elend der Drogenpolitik«, in Schneider et al. (Hrsg.): <u>Cannabis – eine Pflanze mit vielen Facetten</u> –. S. 83 f.

5.3   Cannabis-Problem oder Cannabis-Politik-Problem?

Mit dem Ende der Hippie-Bewegung entfiel auch der Symbolcharakter des Cannabiskonsums, da er nicht mehr länger Expression einer alternativen Lebensführung war. Cannabis verlor aber trotzdem nicht seine Popularität und seine Gegner waren durch den ideologisch geführten Feldzug fest davon überzeugt, dass Cannabis, sowohl für die Gesellschaft, als auch für die individuelle Gesundheit und die Volksgesundheit, eine Bedrohung darstellt. Durch Veröffentlichungen, wie „Das Cannabisproblem" von Karl-Ludwig Täschner[23], wurde Cannabis als Einstiegsdroge thematisiert und die Verbreitung der Flashback-Theorie, sowie des amotivationalen Syndroms, forciert.

Allerdings nahm auch die kritische Diskussion über das Drogen- bzw. Cannabisproblem zu. Es entstand zunehmend eine Meta-Thematisierung, die sich der Definition des Cannabiskonsums als soziales Problem annahm und sie selbst zum Gegenstand einer Problematisierung machte.[24] So bezeichnen Eisenbach-Stangl und Pilgram[25] die herrschende Drogenmoral als inkonsistent. Sie sprechen von einer Doppelmoral, da bei legalen, gesellschaftlich akzeptierten Drogen die problematischen Aspekte genauso wenig berücksichtigt werden, wie bei den sozial missbilligten Drogen die positiven und harmlosen Seiten.

---

[23] Täschner (1979): Das Cannabisproblem.
[24] Zur Meta-Thematisierung s.a. Scheerer (1993), S. 80.
[25] Eisenbach-Stangl; Pilgram (1983): »Das Problem des 'Drogenproblems'«, in Stallberg, (Hrsg.); Springer (Hrsg.): Soziale Probleme : Grundlegende Beiträge zu ihrer Theorie und Analyse. S. 142.
      Zwar hat sich diese Problemsicht insofern geändert, dass auch zunehmend legale Drogen eine gewisse Problematisierung erfahren. Allerdings hat dies nichts Grundlegendes an der Doppelmoral verändert.

Quensel[26] spricht in diesem Zusammenhang auch von einem *„Gedankengefängnis"* und vom *„Teufelskreis"*. Die öffentliche Thematisierung von Drogen ist hiernach von ideologischen Stereotypen belegt. Sanktions- und Behandlungsapparat, Wissenschaft, Massenmedien und Betroffene bestätigen sich gegenseitig in ihren Ansichten und finden so ihre Zustimmung. Durch diese Einstellungsstruktur erscheint eine kritische Auseinandersetzung unmöglich und das, durch eigene Definitionsprozesse konstruierte, soziale Problem als festgefahren. Der Autor lehnt sich hier an das konstruktivistische Modell zur Konstituierung sozialer Probleme an und spricht zur Verdeutlichung, statt vom Drogenproblem, vom *„Drogen-Politik-Problem"*[27] (somit auch Cannabis-Politik-Problem), wobei er in erster Linie die Frage nach den Interessen, Funktionen und (negativen) Folgeerscheinungen der problematisierenden Politik im Vordergrund sieht und nicht so sehr den Umgang mit den Drogen selbst.

Im Laufe der Jahre kam es zu einem vermehrten Aufkommen an Literatur zu drogenpolitischen Fragen, wobei vor allem diejenigen Beiträge, die der traditionellen Prohibitionspolitik kritisch gegenüberstanden, zahlreicher wurden und zunehmend empirisch gestützt waren. Von nun an wurden die, den Umgang mit Cannabis problematisierenden, Vertreter zunehmend als moralisch, ideologisch und interessengesteuert entlarvt und ihre Meinung selbst verstärkt Teil einer Problematisierung. Stand zuvor die Gefährlichkeit von Cannabis nicht zur Diskussion, und wurde öffentlich unreflektiert als gegeben angenommen, so wurde nun erkannt, dass vom Cannabiskonsum weitaus weniger Gefahren ausgehen, als zunächst angenommen oder zumindest propagiert wurden. Nach und nach wurden das amotivationale Syndrom, der cannabisinduzierte Flashback und die Einstiegstheorie dementiert und auch die vom Cannabiskonsum ausgehenden Gesundheitsschäden ausgeschlossen oder zumindest relativiert.

[26] Quensel (1982), S. 23 ff.
[27] Quensel (1982), S. 17.

Zudem fanden sich zunehmend kontraproduktive Faktoren der Cannabispolitik und es wurde anerkannt, dass der Gebrauch bewusstseinsverändernder Substanzen bzw. das Bedürfnis nach Rauscherlebnissen schon seit jeher Teil des menschlichen Verhaltens ist.[28]

Dieses Aufkommen einer systemkritischen Forschung, wiederum auf den konstruktivistischen Ansatz der Erklärung sozialer Probleme bezogen, verdeutlicht, dass es sich beim Cannabisproblem durchaus um ein rein, durch die soziale Etikettierung des Cannabiskonsums, konstruiertes Problem handelt, bei dem auch die mögliche Kritik, der Ansatz würde einen tatsächlichen Handlungsbedarf vernachlässigen oder leugnen, keine Anwendung findet. Insofern kann meines Erachtens auch die These gestützt werden, dass es sich eher um ein Cannabis-Politik-Problem handelt als um ein Problem, welches vom tatsächlichen Objekt, dem Cannabis und dessen Konsum, ausgeht.

5.4   Gibt es noch ein Cannabis (-Politik) -Problem?

5.4.1   Neubewertung:

Die dargestellte, um eine objektivere Diskussion bemühte, Forschung hat dazu beigetragen, dass sich das öffentliche Image von Cannabis, zumindest tendenziell, in Richtung einer weniger moralisierenden und rationaleren Bewertung verändert hat. Erkennen kann man diese Tendenz hin zu einer größeren öffentlichen Akzeptanz z.B. in einer vermehrten nichtproblematisierenden Medienpräsenz des Cannabiskonsums. So kommt es zunehmend zum Aufgreifen des Themas Cannabiskonsum in der Unterhaltungsmusik (z.B. Stefan Raab: „Wir kiffen") und in Filmen (z.B. „Grasgeflüster", „Bang Boom

---

[28] Vgl. z.B. Scheerer; Vogt (1989): »A. Drogen und Drogenpolitik«, in Scheerer (Hrsg.); Vogt (Hrsg.) Drogen und Drogenpolitik : Ein Handbuch. S. 3; auch Schneider (2000a), S.31.

Bang", „Feuer, Eis und Dosenbier"...), die sich zumeist hinter Komik und Satire eine gewisse Narrenfreiheit erlauben. Aber auch die Art und Weise der Darstellung des Themas in Radio und Fernsehen lässt meines Erachtens auf eine zunehmend akzeptierende Haltung und eine Enttabuisierung in Bezug auf Cannabiskonsum schließen. Das Tabu öffentlich über Cannabis in einer anderen Weise, als bloß einseitig negativierend, zu sprechen, scheint sich zumindest latent zu Gunsten einer sachlicheren Darstellungsweise aufzuweichen. Wird zusätzlich noch ein Vergleich zu den regelmäßigen Skandalisierungen des Gebrauchs anderer illegalisierter Drogen, wie Kokain (z.B. Christoph Daum, Nadja Abd el Farrag...), hinzugezogen, scheint sich die angegebene Tendenz bei der Bewertung von Cannabiskonsum zu bestätigen. Um allerdings genauere verallgemeinernde Aussagen hierzu treffen zu können, müsste eine medien-analysierende Studie angefertigt werden, welche die Berichterstattung und die öffentliche Darstellung des Cannabiskonsums in den Medien zum Gegenstand hat.

Auf der Konsumentenebene kann, mit Blick auf die statistischen Angaben, davon ausgegangen werden, dass der Gebrauch von Cannabis im Laufe der Zeit durch seine hohe Popularität zu einem Massenphänomen herangewachsen ist. Nach dem Verlust der symbolhaften Protestfunktion der 1960er Jahre, konnte sich der Cannabiskonsum, trotz Verbot, sukzessiv als schichtübergreifende Alltagsdroge etablieren, was zu seiner kulturellen Integration führte.[29] Auch Kemmesies nennt Cannabis eine *„weitgehend enkulturierte Droge".*[30] Die Gesamtheit der heutigen Cannabiskonsumenten kann inzwischen als eine sehr heterogen zusammengesetzte Menge gesehen werden, deren Mitglieder sich *„außer der Vorliebe für ein bestimmtes Genussmittel wenig von den anderen*

---

[29] Vgl. Schneider (1995), S. 39; S. 64.
[30] Kemmesies (2000), S. 62; S. 108.

[Menschen] unterscheidet".[31] Dies kann in der Umkehrung von Meudt[32] u.a. darauf zurückgeführt werden, dass durch den Wegfall des demonstrativen Symbolcharakters einer Subkultur, der Staat nicht mehr zur Gegenwehr schreiten muss, um den normativen Status Quo zu verteidigen und durch seinen Eingriff die staatliche Macht zu demonstrieren. Selbst die weiterhin bestehende Androhung von Strafe und die zusätzlichen Sanktionen mittels Verkehrsrecht konnten diese Etablierung und Endemisierung des Cannabiskonsums nicht verhindern.

Durch das Fehlen von Geschädigten, die problemfreie Erfüllung der Alltagsanforderungen und die geringen individuellen Risiken des kontrollierten Konsums, findet sich bei den Konsumenten wohl kaum ein Schuldbewusstsein. Dieser Umstand und die relativ geringe Wahrscheinlichkeit beim Umgang mit Cannabis von der Polizei gefasst zu werden, birgt *„die Gefahr, dass die ... Strafverfolgung als willkürlicher Akt sinnloser Repression aufgefasst wird"*[33]. In Verbindung mit einer zudem ideologisch und unglaubwürdig wirkenden Politik der Verbote, kann sich eine Gefährdung des staatlichen Sanktionsapparates ergeben.[34] Zudem zeitigt der Zweck strafrechtlicher Drogenkontrolle, welcher nach Scheerer und Vogt in der *„General- und Spezialprävention künftigen unerwünschten Drogenkonsums gesehen"*[35] wird, kaum eine Wirkung. Die Autoren führen an, dass die auf Abschreckung zielende Generalprävention von Strafandrohung wohl eher bei rational kalkulierten Delikten eine Wirkung zeigt, als dies bei expressiven Verhaltensweisen, wie dem Drogenkonsum, der Fall ist. Zudem zeigen sie auf, dass die Strafschärfe weniger abschreckend als die

---

[31] Arbeitsgruppe Hanf und Fuß (1995), S. 33.
[32] Meudt (1979).
[33] Jenny (1999): »Das teilrevidierte Betäubungsmittelgesetz«, in Liggenstorfer et al. (Hrsg.): Hanf-Szene Schweiz : Für eine Regulierung des Cannabis-Marktes. S. 134.
[34] Zur Gefährdung des staatlichen Sanktionsapparates: vgl. z.B. Quensel (1982), S. 82.
[35] Scheerer; Vogt (1989), S. 37.

wahrgenommene Entdeckungswahrscheinlichkeit wirkt.[36] Der Konsum, wird wie dargestellt, nicht verhindert. Dies wurde nach Neskovic auch bereits 1992 schon von der Bundesregierung eingeräumt.[37]

Zusammenfassend wird ersichtlich, dass Cannabis heute, erstens eine, zumindest latent vorhandene, objektivere und entproblematisierende öffentliche Thematisierung und Bewertung erfährt. Zweitens kam es durch seinen massenhaften und staatlich kaum bis gar nicht verhinderbaren Gebrauch zur weitgehenden Enkulturation. Diese beiden Sachverhalte, welche sich selbstredend auch gegenseitig beeinflussen, deuten daraufhin, dass es, trotz des fortbestehenden Verbotes, zu einer allmählichen gesellschaftlichen Toleranzentwicklung gekommen ist, welche das Verhalten nicht mehr generell als abweichend definiert. So ist beim Cannabiskonsum eine Toleranzentwicklung zu sehen, die anders als es allgemein mit Drogen verbunden wird, sich nicht auf die individuelle Wirkungsintensität bei fortgesetztem Konsum, sondern vielmehr auf die gesellschaftliche Wahrnehmung bezieht. Diese tendenzielle Entproblematisierung und Tolerierung des Cannabiskonsums zeigt durchaus eine Entwicklung in Richtung einer schleichenden Normalisierung.

---

[36] Ebd.
[37] Neskovic (2000), S. 86.

5.4.2 Normalisierung:

Für Peter Cohen bedeutet Normalisierung *„nichts anderes, als daß ein Verhalten, das vom Gesetz oder der Mainstream-Kultur nicht als normal betrachtet wird, offiziell toleriert wird"*.[38] Die Vorteile der Normalisierung sieht Cohen in der Entwicklung und schnellen Weitergabe konsumorientierter Regeln, die nicht durch Repression geprägt sind, in der rascheren Annahme von Hilfe (falls Probleme entstehen) und der einfacheren Aufgabe des Konsums (durch Wegfall des Sonderstatus und des möglichen Drucks der peer-group).[39] Nun wird zwar der Konsum von Cannabis zumindest nicht offiziell (rechtlich) toleriert, da in der BRD das Legalitätsprinzip gilt, welches den generellen Anspruch erhebt, Gesetzesverstöße zu verhindern oder zu verfolgen, jedoch zeigt die dargestellte Entwicklung eher, dass einerseits kaum eine Verfolgungswirklichkeit existiert und sich andererseits informell eine tolerantere Wahrnehmung entwickelt.

Diese Tendenz hin zur Normalisierung, lässt sich auch rechtspolitisch dadurch belegen, dass durch den 1992 in das Betäubungsmittelgesetz eingefügten § 31a, konsumbezogene Straftaten nicht mehr unbedingt zur Verurteilung führen. Zudem stellt Cannabis nach den Aussagen einiger Polizeipräsidenten kein *„verfolgenswertes Unrecht"* mehr dar.[40] Daher nimmt, vor allem seit dem Beschluss des Bundesverfassungsgerichtes von 1994, die tatsächliche Verfolgung von Cannabisdelikten, allerdings mit großen Unterschieden zwischen den Bundesländern, ab. Quensel et al. sprechen an dieser Stelle auch von einer untergeordneten Rolle des Legalitätsprinzips auf der

---

[38] Cohen (1992): »Schadensminimierung durch Selbstregulierung. Ein Grundkonzept für die allgemeine Drogenpolitik«, in Neumeyer (Hrsg.); Schaich-Walch, (Hrsg.): <u>Zwischen Legalisierung und Normalisierung : Ausstiegsszenarien aus der repressiven Drogenpolitik</u>. S. 50.

[39] Cohen, (1992) S. 50 f.

[40] Quensel et al. (1995): Zur <u>Cannabis-Situation in der Bundesrepublik Deutschland</u>. S. 36. Hier z.B. die Polizeipräsidenten von Stuttgart und Bonn.

Polizeiebene und gehen von einer *„faktischen Opportunität"*[41] aus, da die Polizei wegen der erwarteten Verfahrenseinstellung *„weniger motiviert auf diesem Gebiet arbeitet"*[42]. Eine Strafverfolgung von Cannabisdelikten scheint, beispielsweise in den norddeutschen Bundesländern, nur noch bei offensichtlichen und aufdringlichen Fällen, nach dem *„Stolper-Prinzip"* zu verlaufen.[43]

Das Manko:

Das Manko an dieser Entwicklung, hin zu einer Normalisierung des Cannabiskonsums, besteht in der relativ informellen Grundlage. Auf der Seite der strafrechtlichen Verfolgung kann dies an der schon angedeuteten unterschiedlichen Bewertung des Cannabiskonsums in den Bundesländern gesehen werden. So ist die Verfahrenseinstellungs-Praxis je nach Bundesland unterschiedlich, da es keine bundeseinheitliche Rechtsgrundlage bezüglich der geringen Menge gibt. Die Obergrenze, was noch als eine geringe Menge gewertet wird und somit zur Verfahrenseinstellung führen kann, variiert von maximal 3 Konsumeinheiten in Baden-Württemberg bis hin zu maximal 30g in Schleswig-Holstein.[44] Hinzu kommt, dass entsprechend der Politik der Länder auch die Motivation der Polizei steigen oder sinken wird, auch bei kleinen Konsumhandlungen eine Strafverfolgung einzuleiten. Somit ist die Drogenpolitik und letztlich die rechtliche Sanktionierung des Umgangs mit Cannabis von der vorherrschenden politischen Ausrichtung des jeweiligen Bundeslandes abhängig, was wiederum die Möglichkeit der Umorientierung bei einem möglichen Regierungswechsel impliziert.

---

[41] Quensel et al. (1995), S. 37.
[42] Quensel et al. (1995), S. 36.
[43] Quensel et al. (1995), S. 37.
[44] Z.B. Schneider (2000a), S. 190.

Die unterschiedliche Bewertung und die Möglichkeit des Wechsels hin zu einer wiederum repressiveren Drogenpolitik, sowohl auf Länderebene, als auch auf Bundesebene, aber auch die generelle gesetzlich festgeschriebene Prohibition relativiert und behindert schließlich eine konkretere Normalisierung. Ebenso stehen die oben beschriebenen Sanktionsmaßnahmen außerhalb des Strafrechts, wie z.B. die Verordnung einer Medizinisch Psychologischen Untersuchung oder der Entzug der Fahrerlaubnis, auf dem Verwaltungsweg einer konkreten Normalisierung entgegen. Weiterhin kann auf der Seite der öffentlichen Thematisierung durch eine erneute Problematisierung z.B. durch moralische Unternehmer, unterstützt durch die Massen- und Sensationsmedien, wiederum eine moralisierende und diskreditierende Kampagne gegen Cannabis durchgeführt werden. So könnte möglicherweise auch wieder die gesellschaftliche Toleranz gegenüber Cannabiskonsum abnehmen.

5.5   Zusammenfassung:

Die Ausführungen haben gezeigt, dass der Weg von einem einfachen Sachverhalt zum sozialen Problem über Definitionsprozesse führt, durch die das Verhalten als soziales Problem etikettiert wird. Hierdurch wird der Begriff „soziales Problem" zum sozialen Konstrukt, welches sich seine soziale Wirklichkeit erst schafft. Das dem Problem vorausgehende Verhalten, würde unter anderen Bedingungen und ohne die öffentliche Problematisierung, trotz gleicher Ausgangslage, ganz anders bewertet werden.

In Bezug auf den Cannabiskonsum ist gezeigt worden, dass er, zumindest zeitweise, durchaus ein soziales Problem dargestellt hat. Er durchlief eine Problematisierung und wurde zum Gegenstand von Institutionen der Drogenhilfe und der Strafverfolgung. Es konnte jedoch eine Entwicklung nachgezeichnet werden, die berücksichtigt, dass der Konsum von Cannabis sich als durchaus mit den gesellschaftlichen Anforderungen vereinbar darstellt und auch kaum schwerwiegende individuelle Risiken birgt. Zudem findet der Cannabiskonsum seit dem Ende der Protestbewegungen der 1960er Jahre vorwiegend unauffällig und freizeitbezogen statt, sodass kaum öffentliches Interesse an seiner strafrechtlichen Verfolgung besteht. Der, mit Blick auf die Menge an Konsumenten massenhaft stattfindende, Gebrauch von Cannabis kann inzwischen als gesellschaftlich integriert gewertet werden und wird, zumindest informell, zunehmend toleriert. Auch einzelne politische Aktivitäten, vor allem aus den konservativen politischen Reihen, besaßen und besitzen zur Zeit offensichtlich nicht die nötige Durchsetzungsmacht, um den Cannabiskonsum durch eine öffentliche Problematisierung wiederum gesellschaftlich als konkretes soziales Problem zu definieren. An dieser Gegebenheit ändert auch die Einführung neuer repressiver und abstinenzorientierter Regulierungen (z.B. im Verkehrsrecht) nichts. Somit kann hier von einer tendenziellen Normali-sierung gesprochen werden, welche jedoch kein rechtliches Rückgrat besitzt. Aus diesem Grund kann der Cannabiskonsum aber letztlich als weiterhin latent vorhandenes soziales Problem bezeichnet werden, da es, durch gesellschaftliche Veränderungen, jederzeit wieder zu seiner Problematisierung und Neudefinie-rung als soziales Problem kommen kann. Dies wiederum stellt sich allerdings eher als Cannabis-Politik-Problem dar, da sich nicht der Cannabiskonsum bzw. der Umgang mit Cannabis als problembereitende Faktoren erwiesen haben, sondern sich die Problematik vielmehr aus einer unsachlichen und inkonsequenten politischen Bewertung und Reglementierung ergibt.

6. Kapitel: Prohibition versus Liberalisierung: Regulierung von Cannabis in der Diskussion

6.1 Gesellschaftlicher Dissens:

Bisher sind die gesellschaftlichen Wahrnehmungen, Bewertungen und Regulierungen des Cannabiskonsums beschrieben worden, wie sie sich bis heute entwickelt haben und sich gegenwärtig darstellen. Bei genauerer Betrachtung kann ein Dissens zwischen den rechtlichen Ansprüchen an eine drogenfreie Gesellschaft einerseits, und der tatsächlichen Realität einer drogenkonsumierenden Gesellschaft, sowie der allmählichen Akzeptanz dieses sozialen Sachverhaltes andererseits, erkannt werden. Würde der rechtliche Anspruch an eine drogenfreie Gesellschaft als gesellschaftliche Wertvorstellung und die Realität des alltäglichen Drogenkonsums als davon abweichende reale Lebensbedingung verstanden werden, könnte hierin, entsprechend der in Kapitel 5.1 angesprochenen objektivistischen Definition sozialer Probleme, wieder ein soziales Problem gesehen werden. Allerdings hat sich ja gerade diese Kurzsichtigkeit jenes Ansatzes als ungenügend erwiesen, um derartige Zusammenhänge angemessen zu beschreiben. Vielmehr sind, wie oben beschrieben, die sozialen Definitions- und Etikettierungsleistungen als konstituierend für soziale Probleme erkannt worden. Im vorliegenden Fall scheinen die rechtlichen Normen eher den Erkenntnissen über die Utopie einer drogenfreien Welt hinterherzulaufen. Dieser Dissens der momentanen drogenpolitischen Situation stellt sich letztlich bei genauerer Betrachtung als unbefriedigend und sogar als systemgefährdend heraus, da der Staat an einem, in der gegenwärtigen Form, kaum noch haltbaren oder rational begründbaren Verbot festhält und sich dadurch selbst schadet.

Im Folgenden sollen verschiedene Ansätze dargestellt werden, die aufzeigen, welche Möglichkeiten des gesellschaftlichen Umgangs und der Regulierung sich für die Zukunft anbieten. So wurden, im Rahmen der Bemühungen um eine rationalere und den Cannabiskonsum als gesellschaftliche Realität akzeptierende Bewertung, verschiedene Konzeptionen entwickelt, um Möglichkeiten zu diskutieren, einen Weg aus der ideologisch verhärteten und unzeitgemäßen Cannabispolitik zu finden. Bevor jedoch auf Argumente und Konzepte der Liberalisierungsbefürworter eingegangen wird, werden zunächst die Argumente für ein Fortbestehen der Prohibition dargestellt.

6.2   Diskussion über verschiedene Möglichkeiten der Regulierung:

6.2.1   Argumente der Prohibitionsbefürworter:

Die Argumente gegen eine, wie auch immer geartete, Liberalisierung[1] von Cannabis sind vielfältig. So begründen Prohibitionsbefürworter oft die Notwendigkeit des Verbotes mit den vermeintlich negativen, individuellen (vor allem Gesundheitsschäden) und gesellschaftlichen Konsequenzen, die durch den Konsum von Cannabis auftreten können. Aus der Literatur sollen die verschiedenen Ansichten der Liberalisierungs- und Legalisierungsgegner, insbesondere an den Beispielen von Gerhard Bühringer et al. und Karl-Ludwig Täschner, dargestellt werden.

Täschner führt in seinem 2001 erschienenen Buch: „Harte Drogen – weiche Drogen" die Möglichkeit an, dass der Haschischkonsum zur psychischen Abhängigkeit, zu Psychosen, Atemwegserkrankungen und evtl. weiteren, bisher

---

[1] Liberalisierung wird im Folgenden als Überbegriff für die verschiedenen, noch anzusprechenden, Möglichkeiten einer rechtlichen Lockerung des Umganges mit Cannabis verwendet.

nicht gesicherten **Gesundheitsschäden** führen kann.[2] Bühringer et al. sprechen zusätzlich noch von möglichen Wesensveränderungen, Störungen des Lang- und Kurzzeitgedächtnisses, Impotenz, Ausbleiben der Ovulation und hormonellen Veränderungen.[3] [4] Zudem schließen Bühringer et al. von der langen Verweildauer der Cannabinoide im Körper auf einen *„protrahierten Intoxikationszustand"*.[5]

Ein weiteres Argument, welches man bei den beiden Autoren findet, stellt nach wie vor, das **Amotivationssyndrom** (oder auch Demotivationssyndrom) dar, welches sie umschreiben als eine *„allgemeine Antriebsverminderung ... mit Teilnahmslosigkeit und Problemverdrängung"*[6] und als *„Gleichgültigkeit gegenüber Anforderungen des Alltags"*[7], in Verbindung mit einer herabgesetzten Belastbarkeit. Solche psychischen Veränderungen durch das amotivationale Syndrom müssen nach Täschner in *„einer auf Leistung und Verantwortung hin ausgerichteten Gesellschaftsordnung ... zwangsläufig Nachteile für die Betroffenen"*[8] bringen.

Auch die Vorstellung vom **Umsteigeeffekt**, auch Schrittmacher- oder Einstiegsthese genannt, wird als Argument für die Gefährlichkeit und gegen eine Liberalisierung angeführt. Ursprünglich wurde davon ausgegangen, dass die

---

[2] Täschner (2001): Harte Drogen – weiche Drogen?. S. 13 ff.

[3] Bühringer et al. (1993): Expertise zur Liberalisierung des Umganges mit illegalen Drogen. S. 30.

[4] Besonders bei pathologisierenden Argumentationen wird Cannabis, bzw. illegalen Drogen allgemein, ein fast infektiöser Charakter zugeschrieben. Unter Berufung auf das eher abstrakte Rechtsgut Volksgesundheit, soll schon durch das Verbot von Cannabis eine „Drogenepidemie" verhindert werden, die der Volksgesundheit Schaden zufügen könnte. In dieser Auffassung vereinen sich diverse Ansichten, wie die einer generellen Gesundheitsgefährdung durch Drogen, die kulturelle Nichtintegrierbarkeit, die Schrittmachertheorie und der Mythos von der verführenden Droge, zu einem eher ideologischen als rationalen Gesamtbild. Vgl. z.B. Nestler (1998), 714 f.; Schneider (2000a), S. 12.

[5] Bühringer et al. (1993), S. 36.

[6] Bühringer et al. (1993), S. 9.

[7] Täschner (2001), S. 16 f.

[8] Ebd.

gewünschte Wirkung durch den Konsum allein von Cannabis irgendwann nicht mehr erreicht würde, weshalb ein Umstieg auf so genannte harte Drogen die Folge sei. In diesem Sinne wurde Cannabis als Einstiegsdroge betitelt. Der Umsteigeeffekt wird auch bei Täschner und Bühringer beschrieben. Täschner weist zwar darauf hin, dass die meisten Cannabiskonsumenten ihren Konsum ohne eine Drogenkarriere wieder einstellen, gibt jedoch an, Haschischkonsum verstärke ein auf die Manipulation der eigenen Befindlichkeit und auf das Ausweichen vor Alltagsbelastungen ausgelegtes Verhalten. Dies führe bei Nachlassen der Haschischwirkung oder dem Wunsch nach Wirkungs-verstärkung, zur Suche nach stärkeren und wirksameren Drogen.[9] Auch Bühringer et al. führen als nachteilige Konsequenz einer Legalisierung den Umsteigeeffekt an, da sie mit einem **Anstieg der Konsumentenzahlen** und der Gebrauchsmenge rechnen, und davon ausgehen, dass ein *„intensiver Cannabis-gebrauch die Hemmschwelle gegenüber stärkeren Drogen senkt".*[10]

Mit dem Cannabiskonsum wird teilweise auch noch das Auftreten des so genannten **Echorausches** oder „Flashback" verbunden. Hierunter wird eine rauschartige Wirkung ohne erneute Drogenzufuhr nach einer drogenfreien Zeit verstanden. Hat Täschner 1979 die Gefahr von Flashbacks nach dem Gebrauch von Cannabis durchaus noch für möglich gehalten[11], so führt er diese 2001 nur noch marginal, und zwar vor allem in Verbindung mit LSD-Vorerfahrungen, auf. Auch Bühringer scheint vom Echorausch Abstand zu nehmen, führt ihn zumindest nicht an.

---

[9] Täschner (2001), S. 17 f.
[10] Bühringer et al. (1993), S. 32. Die Autoren folgern sogar, dass über den Umsteigeeffekt eine Erhöhung der Mortalität nach einer Legalisierung von Cannabis auftreten wird. A.a.O., S. 37.
[11] Täschner (1979), S. 110.

Weitere Argumente der Liberalisierungs- und Legalisierungsgegner sind:

- Es kommt zum Anstieg von Verkehrsunfällen und Fehlverhalten im Verkehr.[12]

- Es kommt zum Anstieg der Kosten für den Gesundheitsapparat (ärztliche und therapeutische Behandlungskosten) durch eine Zunahme der „mißbrauchs- bedingten Folgen".[13]

- Durch ein späteres Auffallen des Missbrauches kommt es zur Verzögerung von Hilfemöglichkeiten.[14]

- Eine Legalisierung verstößt gegen internationale Verträge.[15]

- Der Konsum von Cannabis wird, im Gegensatz zu dem von Alkohol, als kulturfremd und nicht kontrollierbar eingestuft und muss daher verboten werden.[16]

Insgesamt können die Argumente der Protagonisten der Verbotspolitik in paternalistische und in gesellschaftliche Motive unterteilt werden. Einerseits sollen die Menschen vor der Verführung durch die illegalen Drogen und den ihnen zugeschriebenen Gefahren geschützt werden. Andererseits sollen durch das Verbot mögliche negative Folgen für die Gesellschaft vermieden werden.

---

[12] Täschner (2001), S. 103 f.; Bühringer et al. (1993), S. 9; S. 33.
[13] Bühringer et al. (1993), S. 9; S. 34.
[14] Bühringer et al. (1993), S. 34.
[15] Vgl. Täschner (2001), S. 96 f.
[16] Vgl. Schneider (1995), S. 9; Quensel (1982), S. 86.

6.2.2   Liberalisierung / Legalisierung in der Diskussion:

Im Gegensatz zu den Legalisierungs- und Liberalisierungsgegnern hat sich, wie schon angesprochen, zunehmend eine prohibitionskritische, überdisziplinäre Cannabisforschung und Fachdiskussion entwickelt. Besonders seit ca. 20 Jahren werden die Argumente, die gegen eine Liberalisierung von Cannabis sprechen, immer stärker als ideologisch-moralisch intendiert und unhaltbar erkannt, oder sie werden zumindest in ihrer Aussagekraft und Tragweite relativiert. Darauf aufbauend wird auch zunehmend die Sinnhaftigkeit, die Effektivität und die Art und Weise der gegenwärtigen staatlichen Cannabiskontrolle kritisch hinterfragt.

Im Folgenden sollen nun die wichtigsten Forschungsergebnisse und Argumentationsrichtungen der Liberalisierungsbefürworter denen der Prohibitionsbefürworter gegenübergestellt werden.

6.2.2.1 Relative pharmakologische und substanzimmanente (Un-)Schädlichkeit / gesundheitliche Auswirkungen:

Wie dargestellt, betonen Bühringer et al. und Täschner noch immer eine immense Gesundheitsgefährdung durch Cannabiskonsum. Aber schon beim genaueren Lesen bei Täschner selbst wird deutlich, dass er die pathologische Potenz von Cannabis dramatisierend darstellt. Zunächst führt er selbst Einschränkungen an, wie: *„bei längerdauerndem Haschischkonsum"* oder *„vor allem beim chronischen Konsum".*[17] Später werden diese weggelassen, er spricht nur noch von *„der tatsächlichen, nachgewiesenen **Gefährlichkeit** [Hervorhebung im Original]"*[18].

---

[17] Täschner (2001), S. 16 f.
[18] Täschner (2001), S. 95 f.

Physische Gesundheit:

Selbstverständlich ist der Konsum von Cannabis nicht gänzlich frei von Gesundheitsrisiken, wie dies wohl bei jeder pharmakologisch wirksamen Substanz der Fall ist. So birgt gerade der Dauerkonsum, insbesondere in Verbindung mit dem Rauchen, bestimmte Risiken. Insgesamt lässt sich jedoch in der Forschung zusehends die Meinung erkennen, *„daß die pharmakologischen und psychosozialen Konsequenzen des Cannabiskonsums sich als weniger dramatisch und gefährlich erweisen, als dies überwiegend noch angenommen wird".*[19]

Cannabis besitzt eine nur sehr geringe akute Toxizität und auch schwerwiegende, akute gesundheitliche Auswirkungen scheinen bisher nicht bekannt geworden zu sein.[20] Dennoch kann es auch beim Gebrauch von Cannabis, wie bei fast allen Substanzen, die man sich appliziert, zu physischen Nebenwirkungen kommen. Zudem ergeben sich durch die Art des Konsums zusätzliche Auswirkungen. So kann schon allein die übliche Inhalationstechnik, zumeist in Verbindung mit Tabak, zu Reizungen der Atemwege und ein häufiger Konsum schließlich zu Krankheiten führen.[21] Ferner kann es unter akuter Cannabiseinwirkung unter anderem zu Augenrötung, Reizhusten, Übelkeit, Kopfschmerzen, Schwindel, Puls- und Blutdruckschwankungen kommen. Für gesunde Personen stellen diese, nach der Cannabiswirkung wieder abklingenden Effekte, jedoch kein Problem dar.[22] Weitere negative Auswirkungen auf Embryonen und den Hormonhaushalt sind sehr umstritten oder kaum

---

[19] Kleiber; Kovar (1998), S. 1.

[20] Kleiber; Kovar (1998), S. 54. Überträgt man die hohe Letaldosis von Tierversuchen auf den Menschen, so *„müßten mehrere 100 g Haschisch geraucht werden, um diese Dosen zu erreichen".* A.a.O. (unter Bezug auf Schmidt 1992).

[21] Kleiber; Kovar (1998), S. 56. Dem ist hinzuzufügen, dass gerade durch das Rauchen auch ein erhöhtes Krebsrisiko entsteht, welches allerdings durch andere Konsumtechniken vermieden (orale Aufnahme) oder evtl. verringert werden kann (Wasserpfeife).

[22] Kleiber; Kovar (1998), S. 54 ff. Personen mit vorgeschädigtem Herz-Kreislauf-System wird hier vom Konsum abgeraten.

signifikant.[23] Gehirnschäden konnten nicht nachgewiesen werden[24] und allergische Reaktionen sind denkbar, aber selten beobachtet worden[25]. Dem Argument, fortgeführter Cannabiskonsum würde zu einem protrahierten Intoxikationszustand führen, muss widersprochen werden, da es zwar zu einer Akkumulation von THC-COOH-Metaboliten kommen kann, diese sind aber inaktiv und führen zu keinem Intoxikationszustand.[26]

Psychische Gesundheit:

Zum Thema Beeinträchtigung der psychischen Gesundheit und Auswirkungen auf die psychische Entwicklung, wurde schon im Kapitel 2.5.5 erwähnt, dass diesbezüglich keine, mit dem Cannabiskonsum verbundene, Verschlechterung vorhanden ist.[27] Zwar können bei akuter Cannabis-intoxikation sowohl kognitive und psychomotorische Beeinträchtigungen, als auch psychische Reaktionen wie Angst, Unruhe und Panik auftreten, diese klingen aber nach der Wirkzeit wieder ab.[28] Auch die Studie von Kleiber und Soellner geht letztlich von der Vereinbarkeit psychischer Gesundheit mit dem Konsum von Cannabis aus und negiert in diesem Zusammenhang die Ableitung von generalpräventiven Aspekten aus (psychisch-) gesundheitlicher Sicht.[29] Zudem ermittelt die Studie noch eine geringere Gehemmtheit von Konsumenten im Vergleich zu cannabisabstinenten Personen[30], was letztlich sogar auf einen gewissen Vorteil der Gruppe der Cannabiskonsumierenden hindeutet. Ob der Cannabiskonsum bei einer schon bestehenden Prädisposition zur Schizophrenie

---

[23] Kleiber; Kovar (1998), S. 65 ff. Aus Vorsichtsgründen wird hier, wie auch anderswo, Schwangeren vom Cannabiskonsum abgeraten.
[24] Kleiber; Kovar (1998), S. 76 f.
[25] Kleiber; Kovar (1998), S. 60.
[26] Vgl. z.B. Schneider (2000a), S. 183; Kleiber; Kovar (1998), S. 42.
[27] Kleiber; Kovar (1998), S. 119.
[28] Kleiber; Kovar (1998), S. 71 ff.
[29] Kleiber; Soellner (1998), S. 141.
[30] Kleiber; Soellner (1998), S. 140.

möglicherweise einen Krankheitsschub auslösen kann, ist nicht hinreichend geklärt.[31] In diesem Sinne wird auch die Ansicht, Cannabiskonsum würde Wesensveränderungen und das Amotivationssyndrom herbeiführen, bezweifelt.[32] In Verbindung mit einzelnen Demotivationserscheinungen wird in der Literatur darauf verwiesen, dass solche Personen ohnehin häufig weniger leistungsorientiert waren und daher *„Cannabis aufgrund seiner Wirkung ... für diese Personen 'die passende Droge' ist"*[33]. Auch bei bestehenden Depressionen könnte ein kompensatorisch intendierter Konsum von Cannabis die depressions-bedingten Demotivationserscheinungen verstärken.[34] Schon 1982 führte Burian das Beispiel von Arbeitern aus Jamaika an, die Cannabis sogar als mildes Stimulans bei der Arbeit nutzen, und geht davon aus, dass die Wirkung von Cannabis offensichtlich vom soziokulturellen Kontext abhängt.[35] Für *„keine reine Erfindung"* hält die Arbeitsgruppe Hanf und Fuß das Amotivations-syndrom, da sie die Gefahr dieses Effektes bei den *„jüngsten RaucherInnen"* für durchaus möglich hält.[36] Hanf und Fuß führt dies auf die fehlende Konsumerfahrung und eine wenig entwickelte Persönlichkeit zurück, was bedingt, dass möglicherweise noch nicht erlernt wurde, die Wirkungen richtig zu bewerten. Dies kann zur Dominanz des Trägheitselementes führen, wodurch wiederum nur die träge und gleichgültig machenden Wirkungen erlebt werden.[37]

---

[31] Kleiber; Kovar (1998), S. 146 ff.

[32] Kleiber; Kovar (1998), S. 217.

[33] Kleiber; Kovar (1998), S. 218; Auch Grinspoon (2000, S. 293 f.) sieht aufgrund des Fehlens kontrollierter und bestätigender Studien das Amotivationssyndrom als nicht erwiesen an.

[34] Kleiber; Kovar (1998), S. 218 unter Bezug auf Musty und Kabak (1995).

[35] Burian (1982): »Das amotivationale Syndrom und seine Funktion in der Psychiatrie«, in Burian et al. (Hrsg.): Haschisch: Prohibition oder Legalisierung, Ursachen und Folgen des Cannabisverbotes. S. 83.
Hier spricht Burian zudem das ironische Beispiel von Comitas an, welcher dem Cannabis in diesem Zusammenhang ein „motivational syndrome" zusprach.

[36] Arbeitsgruppe Hanf und Fuß (1995), S. 121.

[37] Arbeitsgruppe Hanf und Fuß (1995), S. 121; S. 126 (vgl. Kapitel 2.2.3). Hieraus (f.)

Die Existenz des Echorausches nach ausschließlichem Cannabiskonsum ist mittlerweile stark umstritten, oder wird sogar als Mythos[38] dargestellt. Kleiber und Kovar schließen aus der Forschungslage auf ein sehr seltenes Vorkommen von Echoräuschen nach ausschließlichem Cannabiskonsum. Der Psychiater Rainer Tölle geht in seinem Gutachten zum Thema Flashback noch einen Schritt weiter, indem er anführt, dies komme nicht nur sehr selten, sondern vielmehr gar nicht vor. Er hält letztlich fest: *„Flashback infolge Cannabis ist selbst nach längerem gewohnheitsmäßigem Konsum nicht bewiesen."*[39] Die durch die WHO festgelegten, für die körperliche Abhängigkeit entscheidenden Aspekte, wie die Toleranzentwicklung, die eine Dosissteigerung nötig macht, um eine gleich bleibende Wirkungsintensität zu erhalten, und das Auftreten körperlicher Entzugssymptome bei ausbleibender Drogenzufuhr, werden in Bezug auf Cannabisgebrauch kaum bzw. nicht beschrieben.[40] Daher wird die Entwicklung einer körperlichen Abhängigkeit vom Cannabistyp im Allgemeinen abgelehnt. Eine psychische Abhängigkeit von Cannabis gilt als möglich. Aufgrund seines geringen Abhängigkeitspotenzials liegt die Abhängigkeitsrate bei den Cannabiskonsumenten jedoch insgesamt nur bei 2-3%.[41] Bei den Dauerkonsumenten steigt die Möglichkeit der Ausbildung einer Abhängigkeit stark an. Zudem räumt Soellner auch einen abhängigen Konsum, als mehrheitlich durchaus für die psychische Gesundheit unbedenklich ein, da die psychische Befindlichkeit bei einem Großteil, der als abhängig klassifizierten Cannabiskonsumenten, über einem klinisch auffälligen Niveau liegt.[42]

---

bekräftigen die Autoren auch die Warnung vor einem zu frühen Einstieg in den Cannabiskonsum.

[38] Schneider (2000a), S. 178.

[39] Tölle (2000): Cannabisgutachten.

[40] Vgl. Soellner (2000), S. 8 f. Anstelle einer Dosissteigerung wird eher der umgekehrte Effekt einer Sensibilisierung gegenüber der Wirkung beschrieben.

[41] Vgl. Kapitel 2.2.5.

[42] Soellner (2000), S. 200 f.

Zusammenfassung:

Erscheinen die möglichen physischen und psychischen gesundheitlichen Auswirkungen auf den ersten Blick recht gravierend, so muss bedacht werden, dass es sich hierbei nicht um zwangsläufige Folgen handelt, sondern nur um eine Auflistung potenzieller Nebenwirkungen. Zudem steht die Mehrheit dieser Effekte, wie dargestellt, im direkten Zusammenhang mit der akuten Wirkung und endet nach dem Abklingen der Cannabiswirkung wieder. Personen mit möglicherweise erhöhtem Risiko, wie z.B. Schwangere, Herzkranke, Allergiker und psychisch Kranke, sollten vom Konsum Abstand nehmen. Langfristige gesundheitliche Konsequenzen sind beim Konsum von Cannabis eher unwahrscheinlich und nicht zu erwarten, können aber, insbesondere bei einem sehr häufigen, dauerhaften Gebrauch (vor allem beim Rauchen) und bei vorbelasteten Personen, auftreten.

Durch diese Ausführungen wird ersichtlich, dass Cannabiskonsum sicherlich nicht ohne jedes gesundheitliche Risiko ist. Diese möglichen Risiken sind jedoch für die Betreffenden kalkulierbar. Letztendlich erscheint, insbesondere im Vergleich mit den gesundheitsschädlicheren legalen Drogen Alkohol und Tabak[43], ein generelles Verbot von Cannabis über das Argument der Gesundheitsschädlichkeit nicht haltbar zu sein. Zudem ist eine potenzielle Gesundheitsschädlichkeit an sich auch noch kein Kriterium für mögliche Verbote, da einerseits hierüber auch gängige Nahrungs- und Genussmittel verboten werden könnten. Andererseits verstieße dies auch gegen das Prinzip der Straffreiheit der Selbstschädigung.

---

[43] Schneider (2000a), S. 177. Schneider bezieht sich hier beispielsweise auf die französische Roques-Studie, die selbst einen starken, sowie langfristigen Cannabiskonsum weniger schädlich für die Gesundheit einstuft, als einen intensiven Konsum von Alkohol und Nikotin.

Der Mediziner Carl Nedelmann schreibt folgende resümierenden Worte:

„Die medizinischen Argumente, die zur Aufrechterhaltung des Cannabis-Verbotes verwendet worden sind, stammen aus Befunden schwerer Pathologie. Dabei ist allerdings zu beachten, dass Schäden, die Alkohol anrichtet, schwer, häufig und anhaltend sind; Schäden, die Cannabis anrichtet, sind leicht, selten und flüchtig. Aus medizinischer Sicht wird kein Schaden angerichtet, wenn Cannabis vom Verbot befreit wird. Das Cannabis-Verbot kann durch medizinische Argumente nicht gestützt werden.“[44]

6.2.2.2 Umsteigeeffekt und Konsumanstieg:

Die von Harry Anslinger eingeführte Idee des Umsteigeeffekts in Verbindung mit der Meinung Cannabis sei eine Einstiegsdroge, wird, wie oben gezeigt, auch heute teilweise noch von den Liberalisierungsgegnern propagiert. Allerdings scheint heute der Umkehrschluss – fast alle Heroinabhängigen hätten vorher Cannabis konsumiert, also führt der Cannabiskonsum unweigerlich zum späteren Heroinkonsum und ist somit der verantwortliche Verursacher – als unzulässiger Kausalschluss entlarvt und zu den Drogenmythen gelegt worden zu sein. Schneider[45] führt zudem eine Repräsentativerhebung des Bundesministeriums für Gesundheit von 1993 an, nach der 97,5% der cannabiserfahrenen Personen angaben, niemals andere illegale Drogen konsumiert zu haben. Reuband geht davon aus, dass *„nicht die pharmakologische Gefährlichkeit der jeweiligen Droge bestimmt, welches Mittel als nächstes genommen wird, sondern das zugeschriebene Risiko, das jeweilige Image und die Verfügbarkeit der Droge“*.[46] Der Umsteigeeffekt und die Annahme Cannabis sei daher *„die*

---

[44] Nedelmann (2000): »Das Verbot von Cannabis ist ein „kollektiver Irrweg"«, in Deutsches Ärzteblatt. Jg. 97, 2000, Heft 43, S. A2837.
[45] Schneider (2000a), S. 176.
[46] Reuband (1999): »Drogengebrauch und Drogenabhängigkeit«, in Albrecht et al. (Hrsg.) Handbuch soziale Probleme. S. 321.

typische Einstiegsdroge für den Gebrauch harter Drogen wie Heroin, ist also nach dem heutigen wissenschaftlichen Erkenntnisstand nicht haltbar". [47]

Zum Teil wird heute aber die Möglichkeit eines Umstiegs, aufgrund milieubedingter Nähe des Cannabismarktes zum Handel mit so genannten harten Drogen, beschrieben. Hierauf wird noch näher in Kapitel 6.2.2.6 eingegangen.

Auch die Befürchtung, nach einer Legalisierung von Cannabis würde sich dessen Gebrauch sprunghaft ausweiten, scheint so nicht haltbar zu sein. Die Entwicklungen der Abnahme und des Anstiegs des Cannabiskonsums scheinen, im Vergleich der westeuropäischen Länder, weniger durch die jeweiligen landespolitischen Reaktionen beeinflusst zu werden, als dass sie sich *„an subkulturellen Moden innerhalb der Jugendkultur"* orientieren. [48] Schmidt-Semisch berichtet im Zusammenhang mit der liberalen niederländischen Drogenpolitik, dass es hier zu keiner Zunahme, sondern eher zu einer Abnahme der jugendlichen Cannabiskonsumenten gekommen ist. [49] Auch Quensel et al. berichten im Vergleich der BRD mit den Niederlanden, trotz der unterschiedlichen Verfügbarkeit von Drogen, von einer weitgehend identischen Prävalenz der Konsumenten harter und weicher Drogen und einem identischen Einstiegsalter. [50]

---

[47] Kleiber; Kovar (1998), S. 182 f.
[48] Vgl. Reuband (1999), S. 320.
[49] Schmidt-Semisch (2000), S. 96.
[50] Quensel (1995), S. 31.

6.2.2.3 Kritik an der strafrechtlichen Behandlung:

Ein weiteres Argument gegen die prohibitiv-punitive Drogenpolitik steht im engen Zusammenhang mit der schon bereits beschriebenen Verfassungsbeschwerde. Es zweifelt die Verhältnismäßigkeit der Betäubungsmittelgesetzgebung und dadurch letztlich dessen Verfassungsmäßigkeit an. Demnach erscheint die Androhung von Strafe weder das geeignete Mittel zu sein[51], noch wird die Erforderlichkeit der freiheitseinschränkenden Mittel des Strafrechts[52] gesehen, um die angestrebten Ziele zu erreichen (Verhinderung des Konsums, Eliminierung der organisierten Kriminalität, Schutz der Volksgesundheit).

Auch die Verhältnismäßigkeit im engeren Sinne (Übermaßverbot) wird angezweifelt, weil Strafe und insbesondere Freiheitsstrafe, mit ihren persönlichkeits- und freiheitseinschränkenden Maßnahmen, in der deutschen Rechtsprechung als ultima ratio gilt und somit ihren Einsatz als Schutz gegen die Verletzung wichtiger schützenswerter Rechtsgüter finden sollte. Neskovic kritisiert, dass gerade in der Drogenpolitik das Strafrecht, welches eigentlich als letztes Mittel zu sehen ist, häufig schon als erstes Mittel angewandt wird.[53] Da es in der Regel beim Cannabiskonsum nicht zu einer Schädigung fremder Rechtsgüter kommt, sondern es sich maximal um eine Selbstschädigung oder Selbstgefährdung handelt, welche in der BRD keine Straftat darstellt, kann durch eine strafrechtliche Verfolgung eine unzumutbare Belastung entstehen.[54] Das Strafrecht als Mittel der Gesundheitspolitik (Schutz der Volksgesundheit) wird hierüber hinaus als ineffektiv, kontraproduktiv und inhuman gewertet[55]

---

[51] Da das Verbot erst die Bedingungen für einen unkontrollierbaren Schwarz-Markt und eine organisierte Kriminalität schafft.

[52] Da z.B. in den Niederlanden eine weniger restriktive Kontrolle auf der Konsumebene eher eine Abnahme des Konsums bewirkt hat.

[53] Neskovic (2000), S. 84 f.

[54] Zur Verhältnismäßigkeit der Mittel: z.B. Scheerer; Vogt (1989), S. 42 ff.

[55] Neskovic (2000), S. 88.

6.2.2.4 Liberale Argumentation:

An diese Argumentation schließt sich eine liberale Position an. Das Cannabisverbot wird hier als Einschränkung des Rechtes auf freie Entfaltung verstanden. *„Die Freiheit des Drogengebrauchs müsse, so Gieringer, als ein fundamentales menschliches Recht berücksichtigt werden bzw. als Teil des allgemeineren Rechts auf körperliche Selbstbestimmung.“*[56] Hierüber wird ein Recht auf den Konsum von Cannabis und Drogen allgemein konstituiert, welches einzuschränken eine illegitime Handlung des Staates darstellt. Die liberale Argumentation verläuft in Anlehnung an die liberalen Grundsätze von Steward Mill, mit seinem eigenen Leben und Körper alles tun zu dürfen, solange es keinem Anderen schadet.[57] Somit handelt es sich bei dem Cannabisverbot um Paternalismus[58], welcher nach der liberalen Haltung eine klare Ablehnung erfährt. Da eine Selbstschädigung in der Bundesrepublik Deutschland nicht strafbar ist und Cannabiskonsum in der Regel keine Schädigung fremder Rechtsgüter darstellt, ist demnach ein generelles Verbot nicht haltbar. Aus diesen Gründen fordern die liberalen Argumente *„in ihrer Konsequenz die Abschaffung der Prohibition“*.[59]

6.2.2.5 Ökonomische Argumentation:

Die ökonomische Argumentation bezieht sich auf die Kosten, die durch die prohibitive Drogenpolitik entstehen. Einerseits werden hier die Marktmechanismen des Schwarzmarktes gesehen: Erst die Illegalität und die hiermit

---

[56] Schmidt-Semisch (1992), S. 57 f. mit Bezug auf Gieringer (1989).

[57] Ebd.

[58] *„Paternalismus ist die Ausübung von Zwang zur Verhütung von selbstgefährdendem und selbstzerstörerischem Verhalten."* Wolf (1991): »Paternalismus, Moralismus und Überkriminalisierung«, in Grötzinger (Hrsg.): Recht auf Sucht? Drogen Markt Gesetze. S. 38.

[59] Schmidt-Semisch (1992), S. 60. Der Autor führt hier mehrere Vertreter einer liberal und rechtsstaatlich orientierten Diskussionsrichtung an, so z.B. Roberts, Böllinger, Haffke und Hilgart.

verbundene Verknappung des Angebotes schaffen die Bedingungen und durch hohe Gewinnmöglichkeiten die Attraktivität für die Etablierung des Drogen-Schwarzmarktes.[60] Andererseits wurde im staatlichen Krieg gegen die Drogen ein großer Verfolgungs- und Sanktionsapparat aufgebaut, der, gemessen an der tatsächlichen Effektivität, unverhältnismäßig viel Geld verbraucht. Die ökonomische Argumentation zweifelt die Nötigkeit und Sinnhaftigkeit der hohen Ausgaben an, da der Schwarz-Markt nicht eliminiert werden kann und die Gewinnmöglichkeit der Händler steigt, je repressiver das drogenpolitische Klima ist. *„Die gesamte drogenpolitische Diskussion wird daher als aller ökonomischen Vernunft zuwiderlaufend betrachtet."*[61]

6.2.2.6 Prohibition ist kontraproduktiv:

Eine eher übergreifende, sich nicht an bestimmte Fachgebiete orientierende Gruppe von Argumenten, gegen die herrschende prohibitiv-punitive Drogen-politik, bezieht sich auf die kontraproduktiven Auswirkungen der Repression: Die Prohibition von Cannabis hat auf mehreren Ebenen kontraproduktive Effekte. Hierzu zählen beispielsweise die bereits angeführten hohen volkswirt-schaftlichen Kosten durch eine ineffektive Strafverfolgung, die Schaffung der Bedingungen zur Entstehung des illegalen Schwarz-Marktes und der

---

[60] Vgl. Schmidt-Semisch (1992), S. 54 ff. Der Autor führt hier verschiedene Vertreter dieser Argumentation an (Hilgart; Rüter; McBride/Shuler; Nadelmann). Sie wird insbesondere im Zusammenhang mit sog. harten Drogen geführt. Die Knappheit, das Risiko, das Angewiesensein auf den Schwarz-Markt, und die größtenteils relativ unflexible Nachfrage (durch Abhängige) bedingen immens hohe Verkaufspreise, was wiederum zum Anstieg volkswirtschaftlicher Schäden und Kosten durch Beschaffungskriminalität führt.

[61] Schmidt-Semisch (1992), S. 55.
In ähnlicherweise auch bei Pommerhene; Hart (1991): »Drogenpolitik(en) aus ökonomischer Sicht« in Grötzinger (Hrsg.): Recht auf Sucht? Drogen Markt Gesetze. Die Autoren (wiederum auf harte Drogen bezogen) sehen aber, einer völligen Legalisierung kritisch gegenüberstehend, auch die Gefahr, des Anstiegs der Nachfrage durch tiefe Preise und treten für ein Verbot mit Ausnahmen ein (Legalisierung des Konsums und Besitzes, Verbot des Handels und der Produktion).

organisierten Kriminalität und die Einschränkungen von rechtstaatlichen Garantien (z.B. durch den „großen Lauschangriff" oder den Einsatz von V-Leuten).

Drogen ohne Kontrolle[62]:

Durch die prohibitive staatliche Drogenkontrolle wird der Drogenmarkt in die Illegalität gedrängt und entzieht sich jeglicher Kontrolle, was eine Qualitätsüberwachung über die Wirkstoffmenge, die Zusammensetzung bzw. über eventuelle Beimengungen der Drogen unmöglich macht.[63] Der Drogen-Schwarz-Markt könnte durch eine Legalisierung zumindest stark reduziert werden, da Cannabis frei verkäuflich wäre. Auf einem legalen Markt wäre es auch möglich, Cannabis auf seine Inhaltsstoffe und Wirkstoffmenge hin zu kontrollieren und eine gleich bleibende Qualität zu gewährleisten, was wiederum unerwünschte Effekte, aufgrund falscher Dosierungen, vermeidbar machen würde. Letztlich könnten auch die Modalitäten, unter denen Cannabis gehandelt wird, festgelegt und kontrolliert bzw. bestimmte Einschränkungen erteilt werden.[64]

---

[62] Hierzu z.B. Stöver (1994): Drogenfreigabe : Plädoyer für eine integrative Drogenpolitik. S. 28; Hess (1991), S. 42.

[63] Beimengungen und Streckmittel sind vor allem bei den sog. harten Drogen die Regel, da die Händler so ihre Gewinnspanne erhöhen. Dies kann entweder direkt durch die Beimengung oder indirekt durch unerwartet reine Drogen zu zusätzlichen Gefährdungen führen. Bei Cannabis kommt das Strecken eher seltener vor, wohl aber unterschiedliche Wirkstoffmengen.

[64] Zum Beispiel durch das in Kapitel 6.4.2 beschriebene Genussmittelmodell.

Milieubedingter Umstieg und Trennung der Märkte:

Ein weiterer häufig angeführter kontraproduktiver Faktor beruht auf der rechtlichen Gleichbehandlung von Cannabis mit den so genannten harten Drogen. Dieser Umstand bedingt, dass die Cannabiskonsumenten dazu gezwungen sind, ihre Drogen beim, häufig auch harte Drogen verkaufenden, Straßen-Dealer zu besorgen. Durch diese Nähe zum kriminellen Milieu wird die Gefahr des Umstiegs z.b. auf Heroin eingeräumt, da der Dealer, um einen höheren Gewinn zu erreichen, versuchen könnte, Heroin anstelle von Cannabis zu verkaufen. Die Legalisierung von Cannabis könnte hier eine Trennung der Märkte bewirken.[65] Eine Kritik an dieser These kann im Festhalten am Mythos des bösen, verführenden Dealers[66] gesehen werden. Zudem scheint diese Trennung der Märkte, trotz der Illegalität, schon weitgehend vorhanden zu sein, da der Erwerb von Cannabis größtenteils über den Freundes- und Bekanntenkreis geschieht, wobei *„es natürlich aufgrund der Illegalität noch gewisse Berührungspunkte gibt"[67].* [68]

Doppelmoral und Unglaubwürdigkeit[69]:

Durch die Darstellung von Cannabis als gefährliche und zu verbietende Substanz (rechtliche Gleichstellung mit Heroin), durch die rechtliche Trennung von z.B. Alkohol als legale Drogen, durch die der Staat sogar noch Steuereinnahmen erzielt und das Festhalten an der Cannabis-Prohibition, trotz starker Gegenargumente, zeigt die Drogenpolitik eine Doppelmoral. Hierdurch besteht die Gefahr, dass sich der Staat unglaubwürdig macht, da er mit zweierlei Maß

---

[65] Vgl. hierzu z.B. Quensel (1985), S. 86; Neskovic (2000), S. 82 f.

[66] Vgl. Schmidt-Semisch (1992), S. 11 ff.

[67] Schneider (1995), S. 63 mit Bezug auf die Arbeitgruppe Hanf und Fuß (1995).

[68] Auch Kleiber und Kovar räumen ein, dass die Gefahr des Umstiegs aufgrund eines gemeinsamen subkulturellen Milieus als gering einzuschätzen ist. Kleiber; Kovar (1998), S. 182.

[69] Vgl. hierzu z.B. Neskovic (2000), S. 87 f., Quensel (1982), S. 81 ff; Quensel (1985), S. 86.

rechnet. Zudem wirkt, wie oben bereits angesprochen, die Strafverfolgung, durch das geringe Risiko erwischt zu werden, das Fehlen von Geschädigten und das fehlende Unrechtsbewusstsein der Konsumenten, als willkürlich und selektiv. Doppelmoral und fehlende Glaubwürdigkeit des Staates bergen die Gefahr, dass dieser sich korrumpiert und darüber selbst schadet.

Negative Propaganda[70]:

Verbotene Früchte sind die süßesten, daher können das Verbot und die damit verbundenen Gefahrenmeldungen, sowie die *„moralin-saueren Inszenie-rungen"*[71] in den Medien oder in abschreckenden, dramatisierenden Publikationen, anstatt eine tatsächliche abschreckende Wirkung zu entfalten, besonders bei Jugendlichen, die Attraktivität des normwidrigen Verhaltens erhöhen. Somit sind es gerade die Illegalität und die damit verbundene Anstößigkeit, die im Sinne einer *„negativen Propaganda"*[72] wirken und zur Aufnahme des Konsums von Cannabis verleiten können.[73] Hierin sieht Quensel auch das Problem der drogenspezifischen Präventionsarbeit. Er kritisiert, dass diese Art der Drogenprävention das Problem verschärft. Sie schafft, so Quensel, einerseits einen Status des Besonderen, Neugiererweckenden und andererseits die Möglichkeit, sich von der Hegemonialkultur abzugrenzen und steht dadurch einer angstfrei vermittelnden Drogenaufklärung, die eine risikobewusste Drogenkultur fördert, entgegen.[74]

---

[70] Hierzu: Schneider (2000a), S. 44; S. 94; Neskovic (2000), S. 88.

[71] Schneider (2000a), S. 94.

[72] Ebd.

[73] Quensel spricht auch davon, dass durch diesen attraktiv machenden *„Geruch des Verbo-tenen"* Cannabiskonsum für Jugendliche die Funktion erfüllt, sich von den ängstlichen und warnenden Erwachsenen zu lösen und Selbständigkeit zu erwerben. Quensel (1985), S. 71 f.

[74] Quensel (1991): »Aufklären über Prävention«, in Ludwig (Hrsg.); Neumeyer (Hrsg.): Die narkotisierte Gesellschaft? Neue Wege in der Drogenpolitik und akzeptierende Drogenarbeit. S. 62 ff.

Mit Neskovic kann daher das Ziel der Entkriminalisierungsbestrebungen auch sein, *„Drogen ihre Attraktivität und der Drogenszene ihren Reiz zu nehmen".*[75]

Stigmatisierung und Ausgrenzung[76]:

Die Kriminalisierung des Umgangs mit Cannabis mit der beabsichtigten *„symbolischen Abwertung"*[77], kann zur Stigmatisierung und Ausgrenzung führen, was letztlich zur Annahme der Außenseiterrolle und zur Verfestigung des devianten Verhaltens führen kann (Labeling Approach, kriminelle Karriere...). Dies kann sowohl auf der formellen Ebene durch Strafverfolgung geschehen, als auch auf der informellen Ebene durch Isolation und Stigmatisierung im direkten sozialen Umfeld.

Verhinderung von Hilfe:

Dem Argument von Bühringer, bei frei verfügbaren Cannabisprodukten würde ein möglicher Hilfebedarf erst spät entdeckt, stellt Neskovic in überzeugender Weise entgegen, dass, gerade unter kriminalisierenden Verhältnissen, durch die Angst vor Entdeckung und Bestrafung, eine Artikulation von eventuell auftretenden Hilfebedürfnissen und so die Wahrnehmung von Hilfe verhindert wird.[78]

---

[75] Neskovic (2000), S. 88.
[76] Vgl. z.B. Quensel (1985), S. 85; Neskovic (2000), S. 88.
[77] Quensel (1985), S. 85.
[78] Neskovic (2000), S. 88.

6.3 Schlussfolgerungen aus der Gegenüberstellung der Prohibitions- und der Liberalisierungsperspektive:

Werden diese Argumente mit denen der Prohibitionsbefürworter verglichen, lassen sie erkennen, dass ein Verbot des Umgangs mit Cannabis einerseits nicht gerechtfertigt ist und andererseits die repressive Drogenpolitik negative Auswirkungen mit sich bringt. Somit erscheint eine Liberalisierung von Cannabis nicht nur als mögliche Konsequenz, vielmehr folgt hieraus die unumgängliche Forderung nach einer rechtlichen Neubewertung in Richtung einer Liberalisierung.

Folgende rechtliche Grundmöglichkeiten einer Liberalisierung sind denkbar[79]:

- Unter einer **Entpönalisierung** können bestimmte Lockerungen in der Bewertung und Verfolgung eines weiterhin kriminalisierten Verhaltens verstanden werden. Hierzu zählen beispielsweise auch das Absehen von Strafe (§ 29 Abs. 5 BtMG) und das Absehen von Verfolgung (§ 31a BtMG).

- Durch eine **Entkriminalisierung** können bestimmte Handlungen von der Bestrafung ausgenommen werden (z.B. Besitz und Handel zum Eigenbedarf), ohne Cannabis insgesamt aus der prohibitiven Kontrolle zu nehmen.

- Unter einer **Legalisierung** wird schließlich die Aufhebung aller Verbots-Restriktionen und Strafandrohungen gegenüber dem Umgang mit Cannabis verstanden.

Entsprechend diesen Grundmöglichkeiten der Liberalisierung gibt es verschiedene, in ihrer Kontroll- bzw. Freigabeintensität variierenden, Liberalisierungsmodelle:

---

[79] Vgl. Schneider (1995), S. 108 ff.; Schmidt-Semisch (1992), S. 70 f.

6.3.1 Entpönalisierung:

Bühringer et al., die sich gegen eine Entkriminalisierung und Legalisierung aussprechen, schlagen z.b. vor, einen Ausbau der Entpönalisierung anzustreben, um einerseits die Probier- und Gelegenheitskonsumenten nicht unnötigerweise zu bestrafen, und andererseits den Dauerkonsumenten zu ermöglichen, statt des Strafvollzugs eine Therapie zu „ wählen ".[80]

Eine Entpönalisierung bedarf nicht unbedingt einer Gesetzesänderung. Durch eine großzügigere Auslegung der Opportunitätsklauseln, durch Absehen von Verfolgung und Strafe im Zusammenhang mit Erwerb, Weitergabe und Besitz geringer Mengen Cannabis, würde dem Entpönalisierungsgedanken schon entsprochen. Der Nachteil dieser Regelung kann darin gesehen werden, dass sie, außer einer Verringerung der Verurteilungen und darüber hinaus der Stigmatisierung durch Bestrafung, alle Argumente gegen die Prohibition ignoriert und die kontraproduktiven Folgen weiterhin aufrechterhält. Zudem schafft diese Regelung, so Stöver, „keine Rechtssicherheit und bietet keine Garantie für ein Nachlassen des polizeilichen Verfolgungsdrucks".[81] Es wird weiterhin am rechtlich unhaltbaren Zustand festgehalten, der ein Verhalten einerseits als strafwürdig definiert, es andererseits aber durch Nichtverurteilung wiederum als gering gewichtig einstuft. Es kommt auch weiterhin zu Stigmatisierungen, weil das Absehen von Verfolgung und Bestrafung den Staatsanwaltschaften und den Gerichten, nicht jedoch der Polizei zusteht, da

---

[80] Bühringer et al. (1993), S. 56; siehe auch ebd. S. 2; S. 27 f. Bühringer et al. sehen hier auch eine Entpönalisierung durch die Anwendung des Therapie-Statt-Strafe-Paragraphen (§ 35 BtMG). Kowalsky spricht allerdings im Zusammenhang mit dem § 35 BtMG von einer „Mogelpackung" und von „ Therapie als Strafe", da die Drogentherapieeinrichtungen hierdurch zur Zusammenarbeit mit den Justizbehörden verpflichtet wurden, was eine partielle Unterstellung unter deren Kontrolle bedeutet. Kowalsky (1991): »Die „real existierenden" Langzeittherapien«, in Ludwig (Hrsg.); Neumeyer (Hrsg.): Die narkotisierte Gesellschaft?. S. 115.
[81] Stöver (1994), S.101. Der Autor kritisiert hier auch die „ Vielleicht-Vielleicht-Auch-Nicht-Willkür" der staatsanwaltlichen Einstellungsverfügung. (a.a.O., S. 103).

diese bei der Verfolgung von Straftaten keinen Ermessensspielraum hat. Sie muss, rein rechtlich gesehen, bei jedem Verstoß gegen das Betäubungsmittelgesetz ein Ermittlungsverfahren einleiten, wodurch auch hier eine Sonderbehandlung und eine Aktenkundigkeit der bekannt gewordenen Cannabiskonsumenten entstehen. Die weiterhin bestehende strafrechtliche Einstufung des Umgangs mit Cannabis bestätigt auch das sozialethische Unwerturteil, welches seine Entsprechung in einer ablehnenden Einstellung der Bevölkerung gegenüber Cannabiskonsumenten findet. Diesbezüglich findet sich allerdings, mit Blick auf die tendenziell vorhandene Tolerierung und Normalisierung des Cannabiskonsums[82], bereits eine Lockerung in der Einstellung der Bevölkerung.

6.3.2 Entkriminalisierung:

Die Entkriminalisierung des Umgangs mit Cannabis geht ein Stück weiter. Sie befreit bestimmte Handlungen von der Strafbarkeit durch Herausnahme aus dem Betäubungsmittelgesetz oder durch Einschränkungen in der Strafbarkeit. Dies kann in verschiedenen Formen geschehen. So ist beispielsweise eine partielle Entkriminalisierung im Sinne eines erlaubten Umgangs in bestimmten Mengenbereichen oder anstelle der strafrechtlichen, eine ordnungsrechtliche Einordnung[83] denkbar. Mit einer Entkriminalisierung könnten alle, dem Konsum vorgelagerten Handlungen, wie Anbau, Besitz und Erwerb bis zu einer festgeschriebenen Höchstmenge, von der Strafverfolgung befreit werden.[84] Der Vorteil der Entkriminalisierung gegenüber der Entpönalisierung liegt in der

---

[82] Vgl. Kapitel 5.4.
[83] Schneider ordnet die Überführung in das Ordnungswidrigkeitsgesetz, unter Bezug auf Kohl und Scheerer, als transformierende Entkriminalisierung ein und spricht hier eher von einer Entpönalisierung, da hier weiterhin eine staatliche und repressive Reaktion erfolgen kann. Schneider (1995), S. 109.
[84] Vgl. z.B. Bühringer et al. (1993), S. 2; Stöver (1994), S. 102.

tatsächlich möglichen Entstigmatisierung der Konsumenten, da so die strafrechtliche Verfolgung und Sanktionierung der konsumbezogenen Handlungen
wegfallen würde. Ein Nachteil ist in der Inkonsistenz dieser Regelung zu sehen.
Wenn auch der Konsum durch die Straffreiheit seiner vorbereitenden
Handlungen entkriminalisiert ist, so bleibt der Umgang mit Cannabis, spätestens
auf der, mit über den Eigenbedarf hinausgehenden Mengen hantierenden
Händlerebene, weiterhin von Strafe bedroht. Ebenso verbleiben größtenteils die
anderen kontraproduktiven Aspekte, wie die Unkontrollierbarkeit der Drogen,
der Schwarz-Markt, die Doppelmoral und die Unglaubwürdigkeit des Straf- und
Sanktionsapparates.

6.3.3 Legalisierung:

Unter Legalisierung wird hier die ersatzlose Herausnahme des Umgangs mit
Cannabis aus dem (Betäubungsmittel-) Strafrecht verstanden. Die Legalisierung
ist die, angesichts der stichhaltigen Argumente, konsequenteste Form einer
antirepressiven Neuregelung und hat daher auch die meisten Antagonisten. Da
sie von allen Liberalisierungswegen die tief greifendsten Veränderungen
benötigt, hat sie infolgedessen auch die meisten Hürden zu überwinden. So stellt
sich, selbst wenn die Bundesrepublik sich für eine Legalisierung entscheiden
würde, das Problem, dass diese gegen die, in Kapitel 4.1 beschriebenen,
internationalen Übereinkommen verstoßen würde. Quensel weist zwar auf die
Möglichkeit der Änderung oder Kündigung hin[85], allerdings wird eine Änderung
nur schwer durchzusetzen sein. Auch eine Kündigung der Verträge erscheint,
nach Ansicht der (nun) ehemaligen Drogenbeauftragten Christa Nickels, derzeit

---

[85] Quensel bezieht sich hier auf die Single Convention von 1961. Quensel (1982), S. 100. Die
Konvention von 1988 war hier noch nicht existent, beinhaltet aber ebenfalls die Möglichkeit der Änderung (UN-SÜ 1988 Art. 31) und der Kündigung (UN-SÜ 1988 Art. 30).

nicht als realistisch, da diese die völkerrechtliche Grundlage der internationalen Zusammenarbeit im Bereich der gesamten Drogenpolitik darstellen.[86]

Dennoch sprechen sich verschiedene Autoren, wie z.b. Schmidt-Semisch, für eine Legalisierung aus. Die meisten Autoren sind sich allerdings darüber einig, dass eine Legalisierung nicht ohne die Aufstellung von Regeln zur Kontrolle stattfinden soll. So wird zumeist die Einführung „*flankierender Maßnahmen*"[87] vorgeschlagen, welche an der prinzipiell freien Verfügbarkeit von Cannabis nichts ändern, den Handel, die Produktion und den Konsum von Cannabis aber dennoch in Bahnen lenken, die situationsangemessen und gesellschaftlich legitimierbar sind. So wird etwa ein partielles Verbot des Konsums im Arbeitskontext oder im Straßenverkehr, vergleichbar den Einschränkungen des Alkoholkonsums, vorgeschlagen, um einer evtl. erhöhten Unfallgefahr zu begegnen.[88] Quensel sieht die Möglichkeiten, der „*Aufklärung etwa im Verkehrsunterricht*" und der Androhung von Sanktionen, wie Führerschein-entzug oder Verlust des Versicherungsschutzes, um Gefahren im Straßenverkehr zu vermeiden.[89] Weiterhin werden Altersbegrenzungen vorgeschlagen. So soll der Erwerb und der Konsum von Cannabis z.B. erst Jugendlichen ab 16 Jahren erlaubt werden. Eine zu hohe Altersbeschränkung erscheint nicht realistisch, da Cannabis gerade auch auf Jugendliche sehr reizvoll wirkt. In ihrer relativen

---

[86] Vgl. z.B. Nickels (2000): <u>Drogenpolitik : Zwischenbilanz zur Drogenpolitik, insbesondere zur Problematik der weiteren Entkriminalisierung von Cannabiserwerb und -Konsum.</u>

[87] Z.B. Quensel (1982), S. 96 ff.

[88] Vgl. z.B. Schmidt-Semisch (1992), S. 113 f.; Quensel (1982), S. 96.
Sicherlich ist die Teilnahme am Straßenverkehr unter Cannabiseinfluss vorsorglich wegen möglicher Einschränkungen des Reaktionsvermögens zu verhindern, jedoch ziehen Krüger und Löbmann (1998) in ihren Betrachtungen die Schlussfolgerung, dass „...*alle wichtigen Studien keinen Nachweis erbracht haben, daß Cannabis allein eine Erhöhung des Verursachungsrisikos mit sich bringt. Vielmehr ist eher eine deutliche Tendenz bemerkbar, daß Fahrer unter Cannabis sogar ein geringeres Unfallrisiko aufweisen als substanzfreie Fahrer*" (zitiert nach Schneider 2000a, S. 182).

[89] Quensel (1982), S. 96.

Ineffektivität kann eine gesetzliche Altersbeschränkung aber *„allenfalls als symbolischer Warnhinweis"* eine gewisse Sinnhaftigkeit aufweisen.[90]

6.4 Liberalisierungsmodelle:

6.4.1 Entpönalisierung und Entkriminalisierung:

In den letzten zehn Jahren wurden in der Diskussion, wie eine Liberalisierung des Umgangs mit Cannabis praktiziert werden kann, unterschiedliche Modelle vorgeschlagen. Die meisten dieser Vorschläge sind zwischen Entpönalisierung und Entkriminalisierung einzuordnen, halten also auch, je nach Schwerpunktsetzung des Modells, die Prohibition und somit die rechtliche Grauzone und die entsprechenden Nachteile der Illegalität aufrecht. So sind beispielsweise die oben bereits angesprochenen Modelle aus Hessen und aus Schleswig-Holstein von Heide Moser, Cannabis nach dem niederländischen Coffee-Shop-Modell abzugeben, zu nennen. Beide Vorschläge wären auf eine Abgabe in lizenzierten Verkaufsstellen (Drug-Shops, Coffee-Shops) hinausgelaufen. Sie waren darauf ausgelegt, möglichst pragmatisch, durch Opportunität und ohne eine Gesetzesreform, eine Liberalisierung zu erreichen, scheiterten aber letztlich am Legalitätsprinzip und der politischen Konservativität. In der Folge von Heide Moser gab es, ebenfalls in Schleswig-Holstein, ein nie implementiertes Modellprojekt zur Abgabe von Cannabis in Apotheken.[91] Im Rahmen einer Sondergenehmigung für wissenschaftliche Zwecke (§ 3 BtMG), sollte Cannabis legal an registrierte Konsumenten des Projektes über Apotheken abgegeben werden. Ein Nachteil dieses Modellprojektes kann u.a. in der exklusiven Abgabe an Projektmitglieder gesehen werden, welche zudem, durch die Registrierung staatlich bekannte Cannabiskonsumenten wären.

---

[90] Schmidt-Semisch (1992), S. 112.
[91] Schmidt-Semisch (2000), S. 98 f. (unter Bezug auf das Gutachten von Raschke; Kalke 1997).

Ein weiterer Vorschlag ist die Einführung von Cannabistros[92], Cafes (ähnlich den Coffee-Shops), in denen zwar kein Cannabis verkauft, der Genuss aber geduldet wird. Scheerer lehnt sich hier an die Schaffung von Drogenkonsum-räumen (zum Heroinkonsum) an und bezieht sich auf die damals anstehende Gesetzesänderung zum Bertreiben solcher Einrichtungen. Allerdings kann der hierzu geschaffene Paragraph (§ 10a BtMG), aufgrund seiner starken medizi-nischen und therapeutischen Ausrichtung, kaum mehr geeignet erscheinen, um dem Anspruch an ein Cannabistro zu erfüllen.

6.4.2 Genussmittelmodell:

Schmidt-Semisch tritt in einer liberalen Argumentation für das Recht auf Genuss und Rausch ein und plädiert für eine Legalisierung und die rechtliche Einbettung aller heute illegalen Drogen in die Lebensmittelgesetzgebung, ähnlich der Einordnung der legalen Drogen wie Alkohol, Tabak und Kaffee. Er entwickelte ein Genussmittelmodell, wonach Cannabis unter die scharfen Kon-trollen des Lebensmittel- und Bedarfsgegenständegesetzes (LMBG), in dem z.B. auch Tabak kontrolliert wird, fallen würde.[93] Genussmittel im Sinne des LMBG sind nach Schmidt-Semisch *„zusammenfassend Stoffe, die nicht in erster Linie zum Zwecke der Ernährung oder zum Zwecke der Linderung und Verhütung von Krankheiten verzehrt werden, sondern aus Gründen des Genusses".*[94] Hierbei, so der Autor, ist man sich der psychoaktiven Wirkungen der Genussmittel und der Gefahr des Missbrauches durchaus bewusst.[95] Zwar dürfen nach diesem Gesetz keine gesundheitsschädlichen (Lebensmittel- und Genussmittel-)

---

[92] Scheerer (1996), S. 165 ff.
[93] Schmidt-Semisch (1992), S. 70 ff.; Schmidt-Semisch (2000), S. 93-108.
Der Autor bezieht sich in seinen Ausführungen auf alle illegalen Drogen. Durch die Begrenzung des Themas dieser Arbeit, wird in der Folge nur Cannabis benannt.
[94] Schmidt-Semisch (1992), S. 75.
[95] Schmidt-Semisch (2000), S. 103.

Produkte auf den Markt gebracht werden, allerdings ist Tabak trotzdem legal, da die Regierung sonst einen Schwarz-Markt mit steigenden Preisen und das Ausweichen der Raucher, die keineswegs vom Rauchen abgehalten werden könnten, auf die *„sonderbarsten Pflanzen"* befürchte.[96] Aus diesen Gründen wird Tabak den strengen Kontrollen des LMBG unterzogen und unterliegt bestimmten Einschränkungen, wie z.B. einem teilweisen Werbeverbot.

Hier knüpft die Argumentation von Schmidt-Semisch an. Da Cannabis eben diesen Bedingungen unterliegt, die bei der rechtlichen Einordnung des Tabaks sinnvollerweise seine Illegalisierung verhinderten, sieht der Autor gerade auch durch die guten Kontrollmöglichkeiten des LMBG eine Ausweitung auf Cannabis. Ferner zeigt der Autor hier die Möglichkeit auf, bestimmte Regelungen festzuschreiben, welche die Kontrolle und die Modalitäten der Produktion, des Handels, die Produkthaftung, die Zuhilfenahme des Jugendschutzgesetzes und der Straßenverkehrsordnung, die Werbeeinschränkung, die zweckbestimmte Steuererhebung[97], die Anbringung von Warnhinweisen und die Produktinformation betreffen. Dieser lebensmittelrechtlichen Einordnung schließt sich auch das Lizenzmodell von Mario Lap an, welches die Ein- und Ausfuhr von Cannabis und dessen Verkauf von einer Lizenzierung durch eine speziell dafür eingerichtete staatliche Behörde abhängig macht.[98]

---

[96] Schmidt-Semisch (1992), S. 78 unter Bezug auf: Bundesregierung (BT Drs. 7/2070;1974): Die Antwort der Bundesregierung auf die kleine Anfrage der Abgeordneten Vogt u.a. bzgl. der Auswirkungen des Zigarettenrauchens. (teilweise abgedruckt in Schneider 1995, S. 121 f.).

[97] Schmidt-Semisch hält eine Steuer zur Deckung von Kosten im Erziehungs-, Beratungs- und Hilfesektor für sinnvoll. Diese Verfahrensweise würde auch das Argument der Erhöhung der Behandlungskosten von Bühringer entkräften. Schmidt-Semisch (1992), S. 119.

[98] Lizenzmodell in Anlehnung an Mario Lap, in Schneider (1995), S. 119 ff.

6.4.3 Zusammenfassung:

Zusammenfassend kann festgehalten werden, dass die verschiedenen Modelle einerseits unterschiedlich konsequent auf die Liberalisierungs-argumente eingehen. Sie reichen von einer bloßen Duldung des Konsums in speziellen Räumen, bis hin zur Legalisierung. Andererseits benötigen sie aber auch unterschiedlich tief gehende, rechtliche Neuregelungen zu ihrer Durch-führung, was wiederum die Realisierbarkeit, in Bezug auf den nach wie vor vorhandenen, gesellschaftlichen und politischen Widerstand bei derartigen Themenstellungen, beeinflusst. Der Vorteil einer Legalisierung (z.B. nach dem Genussmittelmodell), ist in der konsequenten Bereinigung der Nachteile und Widersprüchlichkeiten zu sehen, die durch die Verbotspolitik entstanden sind. Die anderen Modelle sind zwar leichter realisierbar, erscheinen jedoch, angesichts dessen, dass deren Vertreter in der Prohibition dieselben Unzulänglichkeiten und Probleme sehen, wie die Verfechter einer Legalisierung, eher halbherzig. Sie verfolgen zwar das Ziel, den Konsum von Cannabis zu entkriminalisieren, heben jedoch die Nachteile und Widersprüche der Illegalität nicht auf bzw. erzeugen neue Paradoxien, wie die *„Problematik der 'Hintertür'"*[99] des niederländischen Coffee-Shop-Modells. Hier wird zwar der Verkauf und Besitz kleiner Mengen zum Verbrauch toleriert, nicht aber der Großhandel zur Belieferung der Shops und der Anbau. Auf der Konsumentenebene würde auch eine großzügige Auslegung der Opportunitätsklauseln nicht vor polizeilichen Ermittlungen und einer möglichen staatsanwaltlichen Willkür und der damit verbundenen Stigmatisierungsgefahr schützen.

---

[99] Scheerer (1996), S. 168.

6.5 Möglichkeiten einer Liberalisierung innerhalb der internationalen Verträge:

Wie bereits angesprochen wurde, widerspricht eine Legalisierung von Cannabis den von der Bundesrepublik Deutschland ratifizierten Konventionen der Vereinten Nationen.[100] Eine Legalisierung, wie sie beispielsweise das Genussmittelmodell darstellt, bedingt daher eine Änderung oder Kündigung der Konventionen, um nicht gegen bestehendes Völkerrecht zu verstoßen. Aber auch diese Möglichkeiten erscheinen zurzeit kaum realistisch, obwohl zumindest dem Versuch, eine Änderung der Verträge anzustreben, nichts, außer die innerpolitische Uneinigkeit in Bezug auf die Legalisierung von Cannabis, im Wege steht. Die ehemalige Drogenbeauftragte Nickels sprach sich für eine Einflussnahme der Bundesregierung aus, um eine Änderung der Überein-kommen zu erreichen, wozu es jedoch bis dato nicht gekommen ist.[101]

Eine weitere Möglichkeit, innerhalb der Grenzen der Konventionen eine Liberalisierung zu erwirken, besteht in der Ausnutzung der Interpretations-spielräume. Das UN-Suchtstoffübereinkommen von 1988 verlangt, wie in Kapitel 4.1.3 beschrieben, die Einstufung von Besitz, Kauf und Anbau von Cannabis auch für den persönlichen Gebrauch, als Straftat. Diese Kriminalisierungspflicht steht aber zum einen unter dem Vorbehalt der Verfassungsgrundsätze jeder Vertragspartei und zum anderen ist im internationalen Vergleich nicht eindeutig definiert, was Strafrecht und Straftat ausmacht.[102] Letzteres bedingt die Möglichkeit, so Albrecht, ein Verbot statt im Strafrecht im Ordnungswidrigkeitsrecht festzuschreiben und hieran könnten sich „Konzepte des Verwaltungsunrechts und der Geldbuße als Sanktion"[103]

---

[100] Vgl. Kapitel 6.3.3 in Verbindung mit Kapitel 4.1.
[101] Nickels (2000).
[102] Albrecht (1998), S. 677 unter Bezug auf UN-SÜ 1988.
[103] Ebd.

anschließen. Auslegungen dieser Art sind schon aus einigen Einzelstaaten der USA und aus den Niederlanden bekannt und bleiben auch international ohne Widerspruch. Hier werden Kategorien für geringe Verstöße (z.b. Handhabung nur „weicher" Drogen innerhalb bestimmter Mengengrenzen) mit geringfügigen Strafen aufgestellt.[104] Zudem eröffnet der Artikel 3 IV a des Suchtstoffübereinkommens von 1988 die Möglichkeit, bei den allgemeinen Verstößen gegen Artikel 3 I neben Freiheitsstrafe auch andere Sanktionen wie Geldstrafe und Einziehung zu verhängen. Dies stützt nach Albrecht eine Abschichtung nach Verwaltungs- und Strafunrecht.[105] Eine weitere Abstufung ist über das Bagatellprinzip möglich. So sind die „Beschreibungen der Straftaten" des Artikels 3 und die „Gründe, die eine Bestrafung ausschließen, dem innerstaatlichen Recht einer Vertragspartei" vorbehalten.[106]

Folglich stehen „zur Ausgrenzung geringfügiger Verstöße aus dem Bereich des Strafbaren bzw. aus dem Bereich der Strafverfolgung"[107] zwei Optionen zur Verfügung:

Einerseits kann auf der materiellrechtlichen Ebene durch eine konkrete Regel der Tatbestand begrenzt werden, wodurch bestimmte, auf Cannabis beschränkte Toleranzmengen festgelegt werden könnten. Oder es ist möglich, insgesamt Bagatelldelikte aus der Reichweite von Straftatbeständen zu holen. Andererseits wäre es erdenklich, auf der prozessualen Ebene innerhalb von Strafverfahren, Bagatellunrechte im Rahmen von Opportunität von der Bestrafung auszuschließen. Dies ist ja prinzipiell auch in der aktuellen deutschen Rechtssprechung bereits möglich.

---

[104] Ebd.
[105] Albrecht (1998), S. 678.
[106] UN-SÜ Art. 3 IX; vgl. hierzu auch Albrecht (1998), S. 678.
[107] Albrecht (1998), S. 678 f. Auch die dargestellten Optionen beziehen sich auf diese Quelle.

Nach diesen Ausführungen ergibt sich letztlich auch für die Bundesrepublik innerhalb der internationalen Verträge die Möglichkeit einer Liberalisierung.[108] Es wird ersichtlich, dass die deutsche Rechtsprechung tendenziell bereits den Weg der prozessualen Ebene beschreitet, was allerdings, wie bereits ausführlich beschrieben worden ist, eine eher unbefriedigende und widersinnige Lösung darstellt. Durch Änderung im materiellen Recht könnte, in Anlehnung an Albrecht, durch eine Mengenbestimmung ein Toleranzrahmen festgelegt werden, innerhalb dessen Handel, Anbau und Besitz von Cannabis als Bagatellunrecht eingestuft, und somit in der Regel[109] nicht mehr sanktioniert würden. Zudem könnte, durch die Einordnung in das Ordnungswidrigkeitsrecht, die individuelle Tragweite eventueller Sanktionen verringert werden. Auch Kuckelsberg sieht in der *„Entkriminalisierung von Besitz und Erwerb von Cannabisprodukten in kleinen Mengen"*[110] keine Kollision mit den UN-Konventionen.

Eine solche Regelung würde letztlich zu einer Art Opportunitätsprinzip führen. In der Praxis könnten so Regeln definiert werden, wann der Umgang mit Cannabis als tolerabel (z.B. Konsumvorbereitungshandlungen) eingestuft wird und wann nicht (z.B. Großhandel, Verkauf an Kinder...). Gegenüber der momentanen Situation bringt ein derartiges Opportunitätsprinzip beispielsweise den Vorteil, dass bereits für die Polizei Ermessensspielräume geschaffen werden

---

[108] Scheerer (1996, S. 171 f.) widerspricht dem allerdings, da nach der Single Convention Art. 4 c die Vertragsparteien verpflichtet sind, *„ alle erforderlichen Gesetzgebungs- und Verwaltungsmaßnahmen"* zu treffen, um den Umgang mit Suchtstoffen, *„auf ausschließlich medizinische und wissenschaftliche Zwecke zu beschränken"* . Hier wäre noch zu klären, ob die hier weiterhin vorhandene prinzipielle Aufrechterhaltung des Cannabisverbotes dem nicht genügen würde. Letztlich kann man einwenden, dass die gegenwärtige Prohibition genauso wenig geeignet ist diese Beschränkung zu realisieren. Zudem kam es auch in den Niederlanden im Zusammenhang mit der Liberalisierung eher zu einer Abnahme des Konsums als zu einem Konsumanstieg (vgl. Kapitel 6.2.2.2).

[109] Ohne Vorliegen bestimmter Umstände, wie z.B. Verkauf an Kinder, Konsum im Straßenverkehr etc.

[110] Kuckelsberg (1996), S. 258.

könnten, durch die sie im Einzelfall opportun auf auffällig gewordene konsumbezogene Handlungen reagieren kann. Unter der momentanen Prohibition, ist die Polizei auch bei geringfügigen Verstößen zur Verfolgung gezwungen, obwohl auf der Ebene der Staatsanwaltschaft bei den meisten Cannabisdelikten, aufgrund geringer Schuld, ohnehin eine Einstellung erfolgen wird.

Lösungen in diese Richtung sind sicherlich hinsichtlich ihrer Durchführbarkeit am realistischsten. Auch Nickels sieht, dass die Nutzung der Interpretationsspielräume *„am vielversprechendsten und widerstandsärmsten"* ist.[111] Allerdings bleiben hier, nach wie vor, gewisse Nachteile, die sich nur durch die schwer realisierbare Legalisierung eliminieren lassen würden.[112] Eine rechtliche Neuordnung, wie hier beschrieben, könnte aber schließlich als Politik des Machbaren, einen Schritt in Richtung einer, den Konsum entkriminalisierenden, rechtlich fundierten und sachlicheren Cannabispolitik machen, die angesichts der stichhaltigen Argumente für eine Liberalisierung und der beschriebenen Tolerierungs- und Normalisierungstendenzen, längst überfällig erscheint.

---

[111] Nickels (2000).
[112] Vgl. Kapitel 6.3.1 und 6.3.2.

7. Kapitel: Zusammenfassung und Fazit:

Die vorliegende Arbeit hat ausführlich gezeigt, wie sich die Wahrnehmung des Cannabiskonsums entwickelt hat: Bis zum Beginn des 20. Jahrhunderts besaß Cannabis keinerlei Sonderstellung (außer einer Apothekenpflicht seit 1872), wurde behandelt wie Baldrianöl und hatte wahrscheinlich soviel gesellschaftliche Aufmerksamkeit wie heute der Fencheltee. Somit *„ist zumindest die Bezeichnung des Rauschgiftproblems eine Leistung, eine Innovation, eine Erfindung des 20. Jahrhunderts".*[1] Erst über die Problematisierung des sozialen Sachverhaltes Cannabiskonsum durch moralische Unternehmer, die hierdurch bestimmte politische Zwecke verfolgten, wurde Cannabis weltweit geächtet. Schon in den 1920er Jahren, aus eher diplomatischen Gründen und durch politische Tricks international verboten, bedurfte es erst seiner, vor allem von den USA ausgehenden, öffentlichen Ächtung, um eine negativ besetze Wahrnehmung von Cannabis zu erreichen. Trotz der Beeinflussung der deutschen Gesetzgebung durch die USA, kam es aufgrund der zunächst weitgehenden Geringfügigkeit und Unauffälligkeit des Cannabiskonsums in der Bundesrepublik Deutschland, erst in den 1960er Jahren zur Problematisierung. Da der Konsum zu dieser Zeit zum Protest- und Widerstandssymbol avancierte und die Werte der Hegemonialkultur öffentlich anzweifelte, sah sich der Staat gezwungen, hiergegen vorzugehen. Diese Entwicklung führte zur zunehmenden Wahrnehmung des Cannabiskonsums, sowie zu seiner Erhebung zum sozialen Problem und wurde gestützt durch die öffentliche Darstellung von vermeintlichen gesellschaftlichen, gesundheitlichen und psychosozialen Gefährdungen. Diese Bewertung schlug sich in einer verschärften Kontrollpolitik nieder. War Cannabis de facto auch schon lange verboten, wurde

---

[1]   Scheerer (1993), S. 79.

erst jetzt zunehmend und massiv gegen den Umgang mit Drogen im Allgemeinen, und mit Cannabis im Speziellen, mittels rechtlicher Schritte vorgegangen.

Erst im Laufe der letzten 20 Jahre entwickelte sich zunehmend eine sachlich orientierte wissenschaftliche Diskussion und Forschung, welche den Krieg gegen Cannabis als moralisch-ideologisch, unsachlich, die Persönlichkeit einschränkend, kontraproduktiv und als wissenschaftlich nicht haltbar einstufte. In diesem Kontext wurden auch die propagierten negativen gesundheitlichen Auswirkungen, als häufig übertrieben und dramatisierend dargestellt, erkannt und relativiert, da sich diese vor allem auf eher seltene Gebrauchsmuster, wie Dauerkonsum und kompulsiven Konsum oder aber auf kontraindizierten Gebrauch[2] (bei Herz-Kreislauf-Erkrankungen, Allergien...), beschränken. Andere Gefahren, wie im Straßenverkehr oder in der Schule, die durch Konzentrations- oder Leistungseinbußen entstehen könnten, sind durch den üblichen Gebrauch im Freizeitkontext und durch ein verantwortliches, situationsangemessenes Konsumverhalten zu minimieren bzw. zu vermeiden.

Die Zunahme der vorurteilsfreien Forschung, der Sachverhalt, dass Cannabis seine Symbolfunktion verlor und der Staat daher nicht mehr zur Gegenwehr schreiten musste, sowie die Tatsache, dass Cannabiskonsum sich zu einem Massenphänomen entwickelte, löste eine Entwicklung aus, durch welche Cannabis wiederum, auch in der Bevölkerung, eine sachlichere bzw. positivere Wahrnehmung und Bewertung, in Richtung einer tendenziellen Tolerierung und Normalisierung, erfuhr. Die vorliegende Arbeit hat gezeigt, dass Cannabis-konsum heute inzwischen als kulturell integriert gesehen werden kann. Hierauf reagierte zumindest ansatzweise auch wiederum die staatliche Reglementierung durch weniger strenge Gerichtsurteile auf der Judikativebene, und durch das

---

[2] Wie im Kapitel 6.2.2.1 erwähnt, sind auch hier negative Auswirkungen bzw. Gefährdungen kaum beobachtet worden.

Einräumen und Betonen der gesetzlichen Möglichkeiten des Absehens von Verfolgung und Strafe auf der Legislativebene.

Durch die zahlreichen Argumente für eine Liberalisierung, von einer Entpönalisierung, über eine Entkriminalisierung bis hin zur Legalisierung des Umganges mit Cannabis, entstand eine Diskussion über mögliche praktikable Durchführungsmöglichkeiten zur Erreichung dieses Ziels. Die Möglichkeiten einer Liberalisierung, selbst wenn sich die Regierung zu diesem Weg entschließen würde, hätten aber ihre Grenzen in den internationalen Verträgen, die spätestens zur Erreichung einer Legalisierung entweder geändert oder gekündigt werden müssten. Innerhalb der Konventionen, die ausdrücklich eine Strafandrohung für den unerlaubten Umgang mit Betäubungsmitteln vorsehen, ist maximal eine Entkriminalisierung möglich.

Die Ausführungen machen deutlich, dass die momentane Lage in der Bundesrepublik sehr zwiespältig ist. Zum einen hat sie sich auf einer relativ informellen Ebene entschärft. Durch diese Tendenz, hin zu einer gesellschaft-lichen Normalisierung und Tolerierung im Bereich des Cannabiskonsums, wird dieser derzeit kaum noch öffentlich problematisiert. Für die durch konsum-bezogene Delikte Auffälliggewordenen gibt es die prozessuale Möglichkeit unbestraft zu bleiben. Andererseits bedeutet die Aufrechterhaltung der Prohibition für die ca. 2,4 Millionen Cannabiskonsumenten[3] in Deutschland, einen ständigen Konflikt mit dem geltenden Recht und die permanente Bedrohung durch eine mögliche Bestrafung. Auch die beschriebenen Entwicklungen im Verkehrsrecht und die kontraproduktiven Faktoren zeigen die Inkonsistenz und Problematik der gegenwärtigen Lage.

---

[3] Entsprechend der 12-Monats-Prävalenz im Drogen- und Suchtbericht von 1999. Bundesministerium für Gesundheit (2000). Vgl. auch Kapitel 2.2.2.

Im Bereich der Cannabispolitik erweist es sich als schwierig, eine sachliche Diskussion nicht nur wissenschaftlich zu formulieren, sondern diese auch in konkrete und konsequente politische Handlungen zu überführen. Es scheint nach wie vor ein emotional geprägtes Gedankengefängnis zu existieren, welches den Forderungen nach einer rechtlich festgeschriebenen, liberaleren Politik entgegensteht. Werden solche Forderungen öffentlich ausgesprochen, stoßen sie oftmals schnell auf das Rückzugsgefecht der, den prohibitiven Status Quo konservierenden und am Abstinenzparadigma festhaltenden, Politiker und Lobbyisten. Diese reagieren häufig mit unreflektierten, missbilligenden und ideologischen Pauschalargumenten, wie beispielsweise: Liberalisierung sei eine Kapitulation vor dem Drogenproblem. Oder ein Vertreter der Liberalisierung wird sogar als „*potentieller Kindermörder* "[4] beschimpft.

Hier zeigen sich zwei entgegengesetzte Einstellungsebenen.[5] Die eine Seite stellt sich als eher sachlich-progressiv dar. Sie akzeptiert die Realität, dass Cannabis konsumiert wird, und ist sich bewusst, dass eine rein auf Repression und Strafe ausgelegte Cannabispolitik keine Substanz mehr besitzt, und eine bundesweite, wie auch immer geartete Liberalisierung angesichts der beschriebenen Argumente, längst überfällig erscheint. Auf der anderen Seite steht die Ebene einer konservativen Prohibitionspolitik. Sie hält weiterhin am Abstinenzparadigma fest, lehnt die heute illegalen Drogen konsequent ab und sorgt für das Aufrechterhalten des Verbotes.

Interessanterweise lässt sich der Cannabiskonsum trotz des Verbotes oder möglicherweise gerade durch das Verbot nicht aufhalten, sorgt dieses doch für den attraktiv machenden Reiz des Verbotenen. Die Masse an Konsumenten

---

[4] Neskovic (1995), S. 145. Der Autor wurde nach seinem proklamierten Recht auf Rausch in dieser Weise von Edmund Stoiber beschimpft. Weitere unsachliche moralisch-ideologisch gefärbte Aussagen sind im Anhang abgedruckt.

[5] Sicherlich existieren hier auch noch Unterabstufungen, auf die hier aber nicht weiter eingegangen werden soll.

trotzt der Weltanschauung der konservativen Politik und stellt dadurch die geltenden Normen infrage. Insofern kann der Cannabiskonsum als Indikator für einen nötigen Normwechsel gesehen werden, wenn die bestehenden Normen nicht weiterhin eine Non- bzw. Dysfunktionalität erleiden sollen.[6]

Durch die hohe Popularität des Cannabiskonsums, seine zunehmende kulturelle Einbettung und die Meta-Thematisierung, die zur Problematisierung der Cannabispolitik selbst geführt hat, lässt sich derzeit in der gesellschaftlichen Wahrnehmung, Bewertung und Regulierung des Umgangs mit Cannabis eine Tendenz erkennen, die ihn kaum noch öffentlich thematisiert, bzw. ihn nicht als problematisch darstellt. Offensichtlich besitzt die konservativ ausgerichtete Drogenpolitik derzeit nicht genügend Durchsetzungsmacht, um eine effektive Problematisierung zu erreichen. Vielmehr kann aktuell eine, vor allem informelle, schleichende Normalisierung gesehen werden. Da aber die Konstituierung und Aufrechterhaltung eines sozialen Problems davon abhängt, dass ein sozialer Sachverhalt über seine öffentliche Thematisierung als veränderungsbedürftig problematisiert wird, kann der Cannabiskonsum insofern auch nicht mehr prinzipiell als soziales Problem gelten. Allerdings sollte hier die Einschränkung bedacht werden, dass sich die Neubewertung bisher, bis auf die Betonung der Opportunitätsklausel, nur geringfügig auf die rechtlichen Regelungen ausgewirkt hat. Dieser Sachverhalt, in Verbindung mit eventuell wieder erstarkenden Durchsetzungschancen der Cannabisgegner, lässt ein Wiederaufleben der Problematisierung für denkbar erscheinen, weshalb der Cannabiskonsum hier weiterhin als „schlummerndes", latent vorhandenes soziales Problem bezeichnet werden soll.

---

[6] Hierzu: Lamnek (1999), S. 41.

Insgesamt zeichnet sich insbesondere in Bezug auf den Konsum von Cannabis ein Paradigmawechsel ab. Dem abstinenzorientierten Paradigma wird zunehmend das Fundament entzogen, da es sich als ideologisch-moralisch, die Persönlichkeit einschränkend, unzeitgemäß und wissenschaftlich unhaltbar darstellt. Einzelne Bestrebungen dieser Richtung haben mehr den Charakter von Rückzugsgefechten und politischen Profilierungsversuchen. Das abstinenzorientierte weicht zunehmend dem akzeptanzorientierten Paradigma, welches sich gerade, in Bezug auf den Cannabiskonsum, auf den mündigen Konsumenten bezieht. Hier werden vor allem die Selbstbestimmung und die Eigenverantwortlichkeit angesprochen. Zudem wird davon ausgegangen, dass Cannabiskonsum auch durch ein Verbot nicht verhindert werden kann. Er wird als soziale Realität anerkannt und eine sachliche Thematisierung, sowie eine stärkere kulturelle Einbettung, als Ziel gesehen.

Dieser Paradigmawechsel ist allerdings in erster Linie in der wissenschaftlichen Diskussion zu erkennen. Aufgrund der Gesetzeslage und der momentan fehlenden politischen Diskussion zum Thema Cannabiskonsum[7], scheint es hier derzeit weder eine Entwicklung in die eine noch in die anderer Richtung zu geben. Die von Quensel et al. 1995 noch beschriebene *„Cannabis-Renaissance"*[8] ist wiederum zugunsten einer politischen Lethargie gewichen. Es ist auch anzunehmen, dass seitens der Politiker, aus Angst vor einem Legitimationsverlust, eine gewisse Scheu existiert, sich konkret für eine Liberalisierung auszusprechen. Scheinbar ist hier nach wie vor ein Tabubereich zu finden, über den eine sachliche Diskussion nur schwer möglich ist. Zudem

---

[7] Die politische Diskussion über Cannabiskonsum beschränkt sich derzeit vor allem auf seine medizinische Verwendung. Ansonsten wird das Drogenthema auf der politischen Ebene hauptsächlich im Bereich der Präventionsarbeit diskutiert und verallgemeinernd auf alle legalen und illegalen Drogen ausgeweitet, wobei eine drogenübergreifende Präventionsarbeit (Suchtprävention statt Drogenprävention) angestrebt wird.
[8] Quensel et al. (1995), S.24.

ergeben sich aus den internationalen Konventionen Einschränkungen in den Liberalisierungsmöglichkeiten, welche die Regierung berücksichtigen müsste. Diese Faktoren, in Verbindung mit der geringen Cannabiskonsumenten-Lobby, stehen einer Ausweitung des Abstinenzparadigmas auf die gesetzgebende Drogenpolitik der bundesdeutschen Regierung entgegen.

Dem entgegen kann aufgrund der gegenwärtigen Forschungslage, zur Entstigmatisierung der Konsumenten und zur Erhaltung der Glaubwürdigkeit des Rechtssystems und des Staates, eine konsequente Liberalisierung im Bereich des Cannabiskonsums für nötig erachtet werden. Am widerspruchfreiesten wäre hier eine Legalisierung z.B. unter Anwendung des Genussmittelmodells. Aufgrund mehrfach angesprochener Hindernisse, wie die Unvereinbarkeit einer Legalisierung mit den internationalen Verträgen, stellt die Nutzung der Interpretationsspielräume der Konventionen, zur Einführung einer effektiven Entkriminalisierung, die realistischere und widerstandsärmere Lösung dar. So könnte eine Überführung des Cannabisverbotes in das Ordnungswidrigkeitsrecht und eine Festschreibung von Toleranzregeln (z.B. gesetzlich festgelegte Höchstmengen innerhalb derer Handel, Anbau und Besitz von Cannabis als Bagatelle eingestuft wird) stattfinden, wodurch eine Art Opportunitätsprinzip in Deutschland ermöglicht werden könnte.

Hierdurch würden zwar, wie beschrieben, verschiedene Nachteile und Widersprüche weiter aufrecht erhalten bleiben, allerdings wäre so zumindest der Konsum entkriminalisiert, was angesichts der Masse der Konsumenten längst überfällig erscheint. Zudem kann die Regierung auf diesem Wege gegenüber der großen Anzahl an Konsumenten und der sicherlich noch größeren Menge den Cannabisgebrauch akzeptierender Menschen, einen zunehmenden Verlust der Glaubwürdigkeit vermeiden. Doch auch bis dahin ist es noch ein langer Weg mit vielen Stolpersteinen, da selbst diese Vorgehensweise intensive Veränderungen in der politischen und rechtlichen Regulierung benötigt.

Es ist zu erkennen, dass die staatliche Drogenpolitik sich in einem Dilemma befindet: Einerseits müsste sie zwar, aus beschriebenen Gründen, einen liberaleren Weg, bis hin zur Legalisierung, einschlagen, andererseits will sie sich auch nicht internationaler Kritik aussetzen, welche selbst bei Lösungswegen innerhalb der UN-Konventionen unvermeidbar wären. Zudem hat die Cannabis-politik gegenwärtig keinen derart hohen Stellenwert, als dass sich Politiker gegen den breiten nationalen und internationalen politischen Wiederstand für eine konkrete Liberalisierung einsetzen würden. Somit stehen einer konsequenten Liberalisierung, in Form einer Legalisierung, zu viele innen- und außenpolitische Steine im Weg, als dass sie wirklich in absehbarer Zeit realisierbar wäre.

Diese Steine auf dem Weg zu einer liberaleren Cannabispolitik bestehen aber weniger aus den vorgeschobenen vermeintlichen konsumspezifischen Folgen und Problemen. Vielmehr sind sie eine Verkettung von Ideologismen, Angst, politischer Konservativität, internationalen Verflechtungen und schließlich fehlendem Interesse an einer Neuordnung. So zeigt sich hier wiederum eher das Problem der Cannabispolitik, als das Cannabisproblem. Möglicherweise liegt, angesichts einer recht weit entfernt erscheinenden Legalisierung und der cannabispolitischen Lethargie, aber auch gerade in einer geringen öffentlichen und aggressiven Thematisierung des Willens nach einer Legalisierung (im Sinne der offensiven Legalize-it-Bewegung), die Chance, einer weiter wachsenden, schleichenden informellen Tolerierung und Normalisierung des Cannabis-konsums, da so auch nicht die Prohibitionisten provoziert und zu erneuten öffentlichen Problematisierungen genötigt werden.

Für die Cannabiskonsumenten bleibt, solange sich nichts grundlegendes an der momentanen Lage verändert, außer den negativen gesellschaftlichen Folgen, nur die Hoffnung auf eine zunehmende informelle Normalisierung und Akzeptanz. Außerdem erfährt der Cannabiskonsum durch das Verbot weiterhin den Charakter des Besonderen. Die Cannabispflanze wird zum Baum der Erkenntnis erhoben. Die Prohibitionisten strahlen mit ihrer diabolisierenden Moral fast Angst vor der Pflanze aus, was die Versuchung nur noch größer macht, zu erkunden, was beim Probieren der verbotenen Frucht geschieht. Der Reiz des Verbotenen erwächst somit zum Triebwerk der Versuchung.

Und daher sind bekanntlich die verbotenen Früchte die süßesten.

Literaturverzeichnis:

ALBRECHT, Hans-Jörg (1998): »§ 10. Internationales Betäubungsmittelrecht und internationale Betäubungsmittelkontrolle«, in Kreuzer, Artur (Hrsg.): Handbuch des Betäubungsmittelstrafrechts. München (Beck), 651-695.

ARBEITSGRUPPE HANF UND FUß (1995): Unser gutes Kraut : Das Porträt der Hanfkultur. (2. Aufl.), Solothurn (Nachtschatten).

BECKER, Howard S. (1973): Außenseiter : Zur Soziologie abweichenden Verhaltens. Frankfurt a.M. (S. Fischer).

BEHR, Hans-Georg (2000): Von Hanf ist die Rede : Kultur und Politik einer Pflanze. (6. Aufl.), Frankfurt a.M. (Zweitausendeins).

BGBL. 1994 II S. 496: »Bekanntmachung über das Inkrafttreten des Übereinkommens der Vereinten Nationen gegen den unerlaubten Verkehr mit Suchtstoffen und psychotropen Stoffen vom 28. Februar 1994«, in Lundt, Peter (Hrsg.); Schiwy, Peter (Hrsg.) (2001): Betäubungsmittelrecht : Kommentar zum Betäubungsmittelgesetz mit Sammlung deutscher und internationaler Vorschriften. (Stand 1.Mai 2001, Bd.1), Stamberg (Schulz), Nr. 4/6.1.

BKA (2000): Bundeskriminalamt: Rauschgiftjahresbericht 2000.Wiesbaden, im Internet unter: http://www.bka.de/lageberichte/index-rg.html (02.03.2002).

BÖLLINGER, Lorenz et al. (1995): Drogenrecht, Drogenpraxis, Drogenpolitik. Leitfaden für Drogenbenutzer, Eltern, Drogenberater, Ärzte und Juristen. (4. Aufl.), Frankfurt a.M. (Fachhochschulverlag).

BTMG: »Gesetz über den Verkehr mit Betäubungsmitteln«, in Körner, Harald Hans (2001): Betäubungsmittelgesetz, Arzneimittelgesetz. (5. Aufl.), München (C.H. Beck), 15-52.

BÜHRINGER , Gerhard et al.; INSTITUT FÜR THERAPIEFORSCHUNG (Hrsg.) (1993): Expertise zur Liberalisierung des Umganges mit illegalen Drogen. München (drucken + binden).

BUNDESMINISTERIUM FÜR GESUNDHEIT (2000): Drogen- und Suchtbericht 1999. Bonn.

BUNDESMINISTERIUM FÜR GESUNDHEIT (2001): Sucht- und Drogenbericht 2000. Berlin.

BURIAN, Wilhelm (1982): »Das amotivationale Syndrom und seine Funktion in der Psychiatrie«, in Burian, Wilhelm et al. (Hrsg.): Haschisch: Prohibition oder Legalisierung, Ursachen und Folgen des Cannabisverbotes. Weinheim (Beltz), 78-102.

BVERFG (1994): »Beschluss des 2. Senats vom 9. März 1994«, in Rippchen, Ronald (Hrsg.): Das Haschisch-Urteil des Bundesverfassungsgerichtes vom 9.3.94. Löhrbach (Werner Pieper), 5-77.

BVERFG (2002): »Beschluss vom 20.06.2002«, 1 BvR 2062/96, im Internet unter: http://www.bverfg.de/entscheidungen/rk20020620_1bvr206296 (13.07.2002).

BZGA (2001): Bundeszentrale für gesundheitliche Aufklärung: Die Drogen-affinität Jugendlicher in der Bundesrepublik Deutschland 2001. Köln.

COHAN, Peter (1992): »Schadensminimierung durch Selbstregulierung. Ein Grundkonzept für die allgemeine Drogenpolitik«, in Neumeyer, Jürgen (Hrsg.); Schaich-Walch, Gudrun (Hrsg.): Zwischen Legalisierung und Normalisierung : Ausstiegsszenarien aus der repressiven Drogenpolitik. Marburg (Schüren), 43-56.

EBDD: Europäische Beobachtungsstelle für Drogen und Drogensucht (1999): Jahresbericht über den Stand der Drogenproblematik in der Europäischen Union. Luxemburg, im Internet unter: http://www.emcdda.org/infopoint/publications/annrep.shtml (02.03.2002).

EBDD: Europäische Beobachtungsstelle für Drogen und Drogensucht (2000): Jahresbericht über den Stand der Drogenproblematik in der Europäischen Union. Luxemburg, im Internet unter: http://www.emcdda.org/infopoint/publications/annrep.shtml (02.03.2002).

EISENBACH-STANGL, Irmgard; PILGRAM, Arno (1983): »Das Problem des 'Drogenproblems'«, in Stallberg, Friedrich W. (Hrsg.); Springer, Werner (Hrsg.): Soziale Probleme : Grundlegende Beiträge zu ihrer Theorie und Analyse. Darmstadt (Luchterhand), 131-148.

EKDF (1999): Cannabisbericht der Eidgenössischen Kommission für Drogenfragen. Schweiz, im Internet unter: http://www.bag.admin.ch/sucht/politik/drogen/d/revbetmg/cannabisd.pdf (01.03.2002).

GEBHARDT, Christoph (1998): »§ 9. Drogenpolitik«, in Kreuzer, Artur (Hrsg.): Handbuch des Betäubungsmittelstrafrechts. München (Beck), 583-650.

GRINSPOON, Lester; BAKALAR, James (2000): Marihuana : Die verbotene Medizin. (11. Aufl.), Frankfurt a.M. (Zweitausendeins).

GROENEMEYER, Axel (1999): »Soziale Probleme, soziologische Theorien und moderne Gesellschaften«, in Albrecht, Günter et al. (Hrsg.): Handbuch soziale Probleme. Opladen (Westdeutscher Verlag), 13-72.

GROTENHERMEN, Franjo (2002): »Doping: Marihuana und Olympia«, in Hanf!. 02/2002, 27-29.

HERER, Jack (1994): Die Wiederentdeckung der Nutzpflanze Hanf. (19. Aufl.), Frankfurt (Zweitausendeins).

HESS, Henner (1991): »Drogenmarkt und Drogenpolitik : Zur Kritik der Prohibition«, in Ludwig, Ralf (Hrsg.); Neumeuyer, Jürgen (Hrsg.): Die narkotisierte Gesellschaft? Neue Wege in der Drogenpolitik und akzeptierende Drogenarbeit. Marburg (Schüren), 32-49.

JENNY, G. (1999): »Das teilrevidierte Betäubungsmittelgesetz«, in Liggenstorfer, Roger et al. (Hrsg.): Hanf-Szene Schweiz : Für eine Regulierung des Cannabis-Marktes. Solothurn (Nachtschatten), 133-139.

KEMMESIES, Uwe (2000): Umgang mit illegalen Drogen im 'bürgerlichen' Milieu. Frankfurt a.M. (Johann Wolfgang Goethe-Universität).

KLEIBER, Dieter; KOVAR, Karl-Artur (1998): Auswirkungen des Cannabiskonsums : Eine Expertise zu pharmakologischen und psychosozialen Konsequenzen. Stuttgart (Wissenschaftliche Verlagsgesellschaft).

KLEIBER, Dieter; SÖLLNER, Renate (1998): Cannabiskonsum : Entwicklungs-tendenzen, Konsummuster und Risiken. München (Juventa).

KLEIBER, Dieter (2000): »Cannabiskonsum in Deutschland: Entwicklungs-tendenzen und gesundheitliche Auswirkungen«, in Schneider, Wolfgang et al. (Hrsg.): Cannabis – eine Pflanze mit vielen Facetten –. (Studien zur qualitativen Drogenforschung und akzeptierenden Drogenarbeit, Bd. 24), Berlin (VWB), 11-34.

KLINGER, Stefanie (1999): Die Implementationssicherungsmechanismen der UN-Drogenkonventionen von 1961, 1971 und 1988. Berlin (Dunker und Humblot).

KÖRNER, Harald Hans (2001): Betäubungsmittelgesetz, Arzneimittelgesetz. (5. Aufl.), München (C.H. Beck).

KOWALSKY, Kurt (1991): »Die „real existierenden" Langzeittherapien«, in Ludwig, Ralf (Hrsg.); Neumeyer, Jürgen (Hrsg.): Die narkotisierte Gesellschaft?. Marburg (Schüren), 113-126.

KUCKELSBERG, Susanne (1996): »Möglichkeiten veränderter Politik innerhalb der internationalen Verträge«, in Neumeyer, Jürgen (Hrsg.) Cannabis. Gersthofen (Packeispresse), 247-259.

LAMNEK, Siegfried (1999): Theorien abweichenden Verhaltens. (7. Aufl.), München (W. Fink Verlag).

LEWIN, Louis (1924): Phantastica : Die betäubenden und erregenden Genuss-mittel. Berlin (Stilke).

LIGGENSTORFER, Roger et al. (Hrsg.) (1999): Hanf-Szene Schweiz : Für eine Regulierung des Cannabis-Marktes. Solothurn (Nachtschatten).

LOVISCACH, Peter (1996): Soziale Arbeit im Arbeitsfeld Sucht : Eine Einführung. Freiburg im Breisgau (Lambertus).

MEUDT, Volker (1979): Drogen und Öffentlichkeit : Soziale Probleme, gesellschaftliche Konflikte und öffentliche Kommunikation dargestellt an der Drogenberichterstattung der Presse. München (Minerva).

NEDELMANN, Carl (2000): »Das Verbot von Cannabis ist ein „kollektiver Irrweg"«, in Deutsches Ärzteblatt. Jg. 97, 2000, Heft 43, A2833-A2837.

NESKOVIC, Wolfgang (1995): »Das Recht auf Rausch – vom Elend der Drogenpolitik«, Cosack, Ralph (Hrsg.); Wenzel, Roberto (Hrsg.): Das Hanf-Tagebuch. Neue Beiträge zur Diskussion über Hanf, Cannabis, Marihuana. Hamburg (Wendepunkt Verlag), 141- 164.

NESKOVIC, Wolfgang (2000): »Vom Elend der Drogenpolitik«, in Schneider, Wolfgang et al. (Hrsg.): Cannabis – eine Pflanze mit vielen Facetten –. (Studien zur qualitativen Drogenforschung und akzeptierenden Drogenarbeit, Bd. 24), Berlin (VWB), 81-91.

NESTLER Cornelius (1998): »§ 11. Grundlagen und Kritik des Betäubungs-mittelstrafrechts«, in Kreuzer, Artur (Hrsg.): Handbuch des Betäubungs-mittelstrafrechts. München (Beck), 697-860.

NEUMEYER, Jürgen; INDRO (Hrsg.) (2000): Drogenpolitik im Straßenverkehr. (Studien zur qualitativen Drogenforschung und akzeptierenden Drogenarbeit, Bd. 26), Berlin (VWB).

NEW YORKER LAGUARDIA-REPORT (1944): in Leonhardt, Rudolf Walter (1970): Haschisch-Report. München (Piper & Co), 206-266.

NICKELS, Christa: Drogenpolitik : Zwischenbilanz zur Drogenpolitik, insbeson-dere zur Problematik der weiteren Entkriminalisierung von Cannabiserwerb und -Konsum, im Internet unter: http://www.christanickels.de/drogen/ (14.03.2002).

NITSCHKE, Michael (1994): »Erläuterungen zum Drogenstrafrecht«, in Harm, Wolfgang (Hrsg.) Mein Kind nimmt Drogen : Informationen und Beratung für Eltern. Reinbek bei Hamburg (Rowohlt), 137-156.

POMMEREHNE, Werner; HART, Albert (1991): »Drogenpolitik(en) aus ökonomischer Sicht« in Grötzinger, Gerd (Hrsg.): Recht auf Sucht? Drogen Markt Gesetze. Berlin (Rotbuch), 66-96.

QUENSEL, Stephan (1982): Drogenelend : Cannabis, Heroin, Methadon: für eine neue Drogenpolitik. Frankfurt a.M. (Campus).

QUENSEL, Stephan (1985): Mit Drogen leben : Erlaubtes und Verbotenes. Frankfurt a.M. (Campus).

QUENSEL, Stephan (1991): »Aufklären über Prävention«, in Ludwig, Ralf (Hrsg.); Neumeuyer, Jürgen (Hrsg.): Die narkotisierte Gesellschaft? Neue Wege in der Drogenpolitik und akzeptierende Drogenarbeit. Marburg (Schüren), 59-68.

QUENSEL, Stephan et al. (1995): Zur Cannabis-Situation in der Bundesrepublik Deutschland. Bremen (Bremer Institut für Drogenforschung: BISDRO), im Internet unter: http://www.bisdro.uni-bremen.de/quenselnl/brd.html (26.02.2002).

QUENSEL, Stephan et al. (1996): »Auf der Suche nach einem Problem: Zur aktuellen Cannabissituation in der BRD«, in Neumeyer, Jürgen (Hrsg.): Cannabis. Gersthofen (Packeispresse), 90-98.

RÄTSCH, Christian (1995): »Hanf als Heilmittel«, in Cosack, Ralph (Hrsg.); Wenzel Roberto (Hrsg.): Das Hanf-Tagebuch. Neue Beiträge zur Diskussion über Hanf, Cannabis, Marihuana. Hamburg (Wendepunkt Verlag), 45-60.

REUBAND, Karl-Heinz (1992): »Der Mythos vom einsamen Drogenkonsumenten. Kontakte zu Gleichaltrigen als Determinanten des Drogengebrauchs.«, in Sucht. Jg. 38, 1992, Heft 3, 160-172.

REUBAND, Karl-Heinz (1999): »Drogengebrauch und Drogenabhängigkeit«, in Albrecht, Günter et al. (Hrsg.) Handbuch soziale Probleme. Opladen (Westdeutscher Verlag), 319-336.

SCHEERER, Sebastian (1982): Die Genese der Betäubungsmittelgesetze in der Bundesrepublik Deutschland und in den Niederlanden. Göttingen (Otto Schwartz).

SCHEERER, Sebastian; VOGT, Irmgard (1989): »A. Drogen und Drogenpolitik«, in Scheerer, Sebastian (Hrsg.); Vogt, Irmgard (Hrsg.): Drogen und Drogenpolitik : Ein Handbuch. Frankfurt a.M. (Campus), 2-50.

SCHEERER, Sebastian (1993): »Einige Anmerkungen zur Geschichte des Drogenproblems«, in Soziale Probleme. Jg. 4, 1993 Heft 1, 78-97.

SCHEERER, Sebastian (1996): »Coffeeshops in Deutschland? «, in Neumeyer, Jürgen (Hrsg.): Cannabis. Gersthofen (Packeispresse), 160-175.

SCHETSCHE, Michael (2000): Wissenssoziologie sozialer Probleme. Wiesbaden (Westdeutscher Verlag).

SCHMIDT-SEMISCH, Henning (1992): Drogen als Genussmittel : Ein Modell zur Freigabe illegaler Drogen. München (AG Spak).

SCHMIDT-SEMISCH, Henning (2000): »Cannabis – Legalisierungsmodelle«, in Schneider, Wolfgang et al. (Hrsg.): Cannabis – eine Pflanze mit vielen Facetten –. (Studien zur qualitativen Drogenforschung und akzeptierenden Drogenarbeit, Bd. 24), Berlin (VWB), 93-108.

SCHNEIDER, Wolfgang (1995): Risiko Cannabis? Bedingungen und Auswirkungen eines kontrollierten, sozial-integrierten Gebrauchs von Haschisch und Marihuana. (Studien zur qualitativen Drogenforschung und akzeptierenden Drogenarbeit, Bd. 5), Berlin (VWB).

SCHNEIDER, Wolfgang (2000a): Drogenmythen : Zur sozialen Konstruktion von „Drogenbildern" in Drogenhilfe, Drogenforschung und Drogenpolitik. (Studien zur qualitativen Drogenforschung und akzeptierenden Drogen-arbeit, Bd. 23), Berlin (VWB).

SCHNEIDER, Wolfgang (2000b): »Kontrollierter Gebrauch von Cannabis-produkten. Mythos oder Realität?«, in Schneider, Wolfgang et al. (Hrsg.): Cannabis – eine Pflanze mit vielen Facetten –. (Studien zur qualitativen Drogenforschung und akzeptierenden Drogenarbeit, Bd. 24), Berlin (VWB), 55- 80.

SOELLNER, Renate (2000): Abhängig von Haschisch? Cannabiskonsum und psychosoziale Gesundheit. Bern (Hans Huber Verlag).

STALLBERG, Friedrich W. (Hrsg.); SPRINGER, Werner (Hrsg.) (1983): Soziale Probleme : Grundlegende Beiträge zu ihrer Theorie und Analyse. Darmstadt (Luchterhand).

STÖVER, Heino (1994): Drogenfreigabe : Plädoyer für eine integrative Drogen-politik. Freiburg im Breisgau (Lambertus).

TÄSCHNER, Karl-Ludwig (1979): Das Cannabisproblem. Wiesbaden (Akademische Verlagsgesellschaft).

TÄSCHNER, Karl-Ludwig (2001): Harte Drogen – weiche Drogen?. Stuttgart (G. Thieme Verlag).

TANNER, Jakob; RENGGLI, Rene. (1994): Das Drogenproblem : Geschichte, Erfahrungen, Therapiekonzepte. Berlin (Springer).

THAMM, Bernd-Georg (1989): Drogenfreigabe – Kapitulation oder Ausweg? : Pro und Contra zur Liberalisierung von Rauschgiften als Maßnahme zur Kriminalitätsprophylaxe. Hilden/ Rhld. (Verlag Deutsche Polizeiliteratur).

THAMM, Bernd-Georg (1996):»Cannabis«, in Neumeyer, Jürgen (Hrsg.): Cannabis. Gersthofen (Packeispresse), 128-139.

TÖLLE, Rainer (2000): Cannabis Gutachten. (Im Verfahren des Herrn Guido Kirchner gegen die Bundesrepublik Deutschland - Az.: 12 A 2849/96 -), im Internet unter http://www.cannabis-gutachten.de/gut000.htm (10.02.2000).

UN-EÜ 1961/72: Vereinte Nationen:»Einheits-Übereinkommen von 1961 über Suchtstoffe in der durch das Protokoll zur Änderung des Einheits-Übereinkommen von 1961 geänderten Fassung«, in Körner, Harald Hans (2001): Betäubungsmittelgesetz, Arzneimittelgesetz. (5. Aufl.), München (C.H. Beck), 1408-1431.

UN-SÜ 1971: Vereinte Nationen:»Übereinkommen von 1971 über psychotrope Substanzen«, in Körner, Harald Hans (2001): Betäubungsmittelgesetz, Arzneimittelgesetz. (5. Aufl.), München (C.H. Beck), 1432-1447.

UN-SÜ 1988: Vereinte Nationen:»Übereinkommen der Vereinten Nationen gegen den unerlaubten Verkehr mit Suchtstoffen und psychotropen Stoffen -Suchtstoffübereinkommen 1988-«, in Körner, Harald Hans (2001): Betäubungsmittelgesetz, Arzneimittelgesetz. (5. Aufl.), München (C.H. Beck), 1447-1468.

WOLF, Jean-Claude (1991):»Paternalismus, Moralismus und Überkriminalisierung«, in Grötzinger, Gerd (Hrsg.): Recht auf Sucht? Drogen Markt Gesetze. Berlin (Rotbuch), 38-65.

www.ingramcontent.com/pod-product-compliance
Lightning Source LLC
Chambersburg PA
CBHW022325280326
41932CB00010B/1224